U-noa Freak 3

유노아 프릭 3

의상에서 커스텀까지, 유노아의 모든 것

U-noa Freak 3

contents

유노아를 사랑하는 작가들이 만든
'유노아 프릭' 3호가 나왔습니다. 이번 책에서는
아름다운 유노아들의 사진과 함께 의상, 소품 등의
양재와 다양한 커스텀 기법을 친절하게 소개합니다.
작가들이 정성 들여 완성한 유노아들을
찬찬히 즐겨보세요.

U-noa Freak 3 © HOBBY JAPAN
All Rights Reserved.
Original Japanese edition published by HOBBY JAPAN CO., Ltd
Korean edition copyright © 2018 by Eye of Ra Publishing Co., Ltd
This Korean edition is published by arrangement with HOBBY JAPAN CO., Ltd.,
through AMO AGENCY, Seoul, Korea.

F.L.C.

블라우스, 팬츠 for Fluorite

인형: 유노아 크루스 라이트 후로우라이트[해적 버젼(식모버젼)]
인형 커스텀: carmen
만드는 법: 34쪽

F.L.C.

튜닉, 데님 팬츠 for Unoa Ane

인형: 유노아 크루스 언니(안제)
인형 커스텀: SoylentGreen 신발: Atri
만드는 법: 41쪽

F.L.C.
블라우스, 크롭 팬츠 for Unoa Girl

인형: 유노아 크루스 소녀(루시스 마도토미)
인형 커스텀: SoylentGreen　신발: SoylentGreen
만드는 법: 40쪽

F.L.C.
블라우스, 멜빵 달린 크롭 팬츠 for Unoa Zero

인형: 유노아 크루스 제로(마리온)   인형 커스텀: SoylentGreen
만드는 법: 41쪽

Atri

뷔스티에, 쇼츠 for Unoa Girl

인형: 유노아 크루스 소녀(루시스, 시스트) 인형&신발 커스텀: Atri
만드는 법: 42쪽

013

Atri

뷔스티에, 쇼츠, 슈슈 스커트 for Fluorite

인형: 유노아 크루스 라이트 후로우라이트(오드아이캣 버전)
인형 커스텀: Atri
만드는 법: 45쪽

Atri
뷔스티에, 슈즈 for Unoa Zero

인형: 유노아 크루스 제로(라티아)
인형&신발 커스텀: Atri
만드는 법: 45쪽

Atri
뷔스티에, 쇼츠, 스커트 쇼츠
for Unoa Ane

Poupée mécanique

셔츠, 팬츠 for Unoa Ani & Unoa Boy

인형: 유노아 크루스 형(카일), 유노아 크루스 소년(비엘)
인형 커스텀: Nomyéns
만드는 법: 47쪽

Poupée mécanique
셔츠, 팬츠 for Azurite

인형: 유노아 크루스 라이트 아즈라이트(유노아 프릭2 한정 작은곰자리 디자인 버전)
만드는 법: 47쪽

SILVER BUTTERFLY

점퍼 스커트, 튜브탑 드레스
for Unoa Chibi

인형: 유노아 크루스 치비(리린 새침데기 페이스)
인형 커스텀: Silver Butterfly
만드는 법: 52쪽

HANON

자수 원피스 for Fluorite

인형: 유노아 크루스 라이트 후로우라이트[해적 버전(식모植毛)]
인형 커스텀: HANON
만드는 법: 57쪽

Galum

세일러 셔츠, 반바지 for Azurite

인형: 유노아 크루스 라이트 아즈라이트(릴랙스 버전)
만드는 법: 60쪽

Galum's one-off dress
핀턱 드레스 for Fluorite

인형: 유노아 크루스 라이트 후로우라이트(화이트 코디 버전)
만드는 법은 싣지 않았습니다.

Galum × UnoaQuluts Light

인형: 유노아 크루스 라이트 아즈라이트 & 후로우라이트
(유노아 프릭3 한정 Galum 디자인 버전)

Galum 디자인의 유노아 크루스 아즈라이트가 완성되었습니다.
아래는 쌍둥이를 표현한 앤틱 블론드의 아즈라이트와 후로우라이트입니다.
다크 네이비 컬러에 검은 라인이 들어간 세일러 칼라의 제복 스타일을 기본으로
원피스 밑단과 코트의 칼라에 자수를 넣어 정교하게 마무리했습니다.

드레스 메이킹

: 블라우스
견본: 후로우라이트 by F.L.C

재료(가로×세로)

(26cm) **후로우라이트**
• 면 평직…18cm×16cm
• 레이스 원단(앞 요크용)…7cm×5cm
• 3mm 진주 구슬…3개

(44cm) **언니(작은 가슴)**
• 코튼 쉬폰…36cm×35cm
• 면 새틴(요크, 커프스, 뒤 몸판 여밈 부분)…18cm×15cm
• 튤(망사) 원단(요크 안단용)…적당량
• 요크용 레이스 A…4cm, B…11cm
• 3mm 진주 구슬…7개

(42cm) **소녀(작은 가슴)**
• 면 평직…34cm×21cm
• 2mm 진주 구슬(앞 요크 장식용)…4개
• 5mm 단추…3개

(60cm) **제로**
• 면 평직…40cm×42cm
• 면 평직(커프스용)…9cm×6cm
• 파이핑용 원단(바이어스 모양으로 자른 면 평직)…2cm×40cm
• 파이핑용 둥근 끈…40cm
• 3mm 진주 구슬…6개

1.

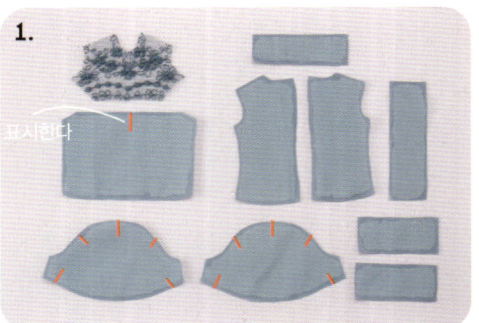

각 부분을 잘라낸 후, 올 풀림 방지액을 발라 놓는다. 앞 몸판과 소매의 중심점, 주름의 위치에 표시해 둔다.

2.

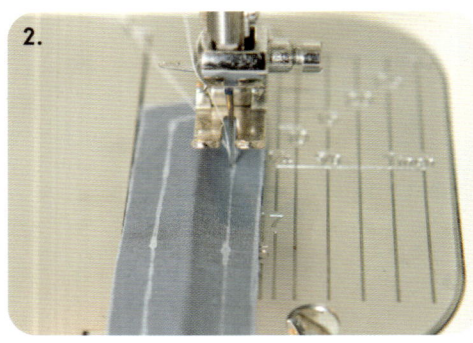

패턴의 시접은 5mm 폭으로 되어 있다. 재봉틀의 안내선이 있을 경우 안내선을 따라서 바느질하거나, 5mm 안쪽에 재봉선을 그려 넣고 바느질한다.

3.

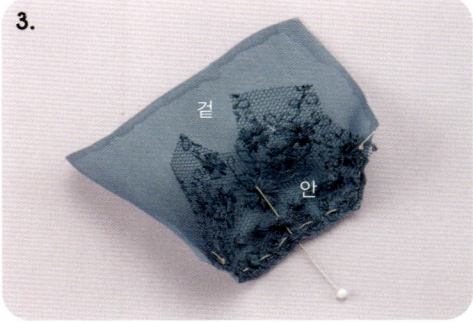

앞 몸판과 요크를 겉감끼리 마주 대고 중심을 맞춰 핀을 꽂는다. 요크의 곡선에 맞춰 손바느질로 시침질한다.

4.

앞 몸판과 요크를 재봉해 합치고, 시접을 몸판 쪽으로 꺾어 넘긴 후 다림질한다.

5.

앞뒤 몸판의 어깨선을 재봉해 합치고, 시접은 가름솔해서 다림질한다.

6.

칼라 부분을 반으로 접어 다림질한다.

7.

앞 몸판과 칼라의 중심을 맞춰 핀을 꽂고 시침질한다.

8.

몸판과 칼라를 재봉해 합친다. 시접 2장 중 1장의 반을 잘라내고, 남은 1장으로 반 잘라낸 시접을 감싸준 후, 앞 몸판 쪽으로 접어 다림질한다. (※요크가 레이스 원단이 아닐 경우엔 시접을 잘라낼 필요가 없다.)

9.

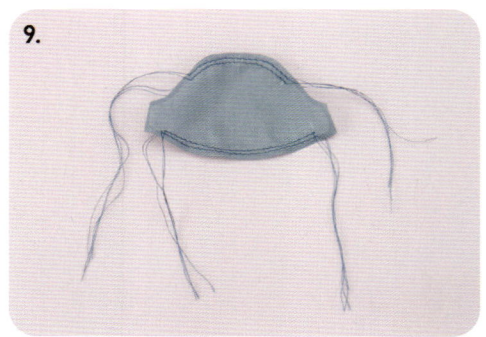

소매의 상하 시접 부분에 주름용 스티치를 2줄씩 넣는다. (※주름용 스티치는 재봉할 때보다 땀을 크게 해서 재봉선 밖에 넣는다. 시작과 끝에 실을 길게 남겨둔다.)

10.

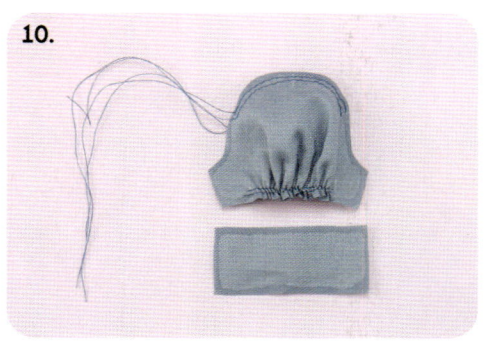

커프스의 폭에 맞춰 소맷부리의 주름을 잡고 재봉실을 묶어 매듭짓는다. 주름을 정돈하고 다리미로 가볍게 눌러준다.

11.

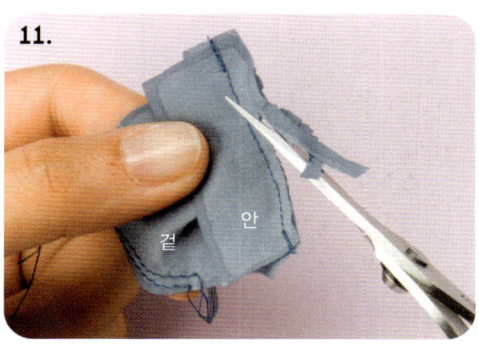

커프스와 소매를 겉감끼리 마주 대고 재봉한 후, 시접의 반을 잘라낸다.

12.

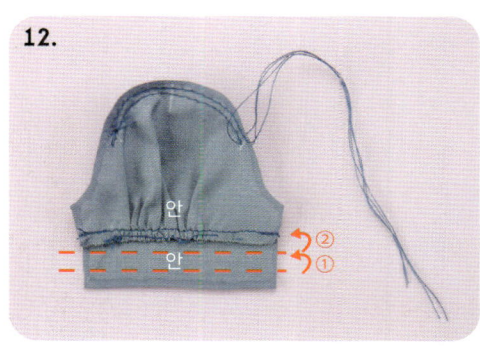

커프스의 시접이 소매의 시접을 감싸듯이 사진처럼 안쪽으로 접어 넣는다.

13.

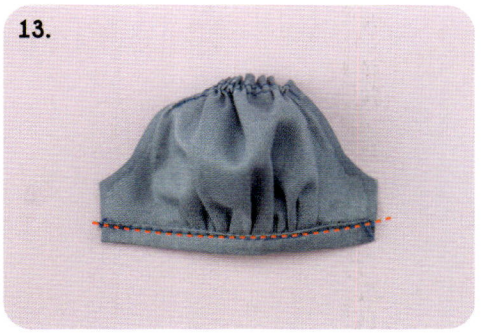

커프스의 윗부분에 스티치를 넣는다. 이어서 소매 윗부분의 주름을 바짝 당겨준다.

14.

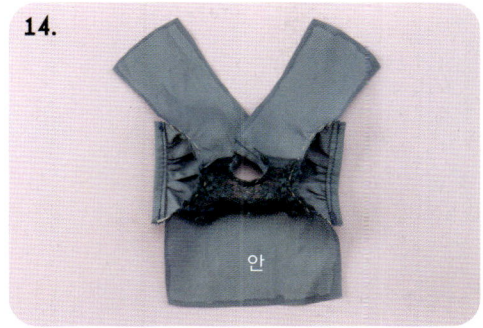

몸판과 소매를 겉감끼리 맞대서 시침질한다.

15.

몸판과 소매를 재봉해 합친다.

16.

앞뒤 몸판의 아랫단, 겨드랑이, 소매 끝의 위치를 맞추어 시침질한다.

17.

몸판의 옆선에서 소매까지 이어서 재봉하고 소매 아랫부분과 겨드랑이 2곳에 가윗집을 준다.

18.

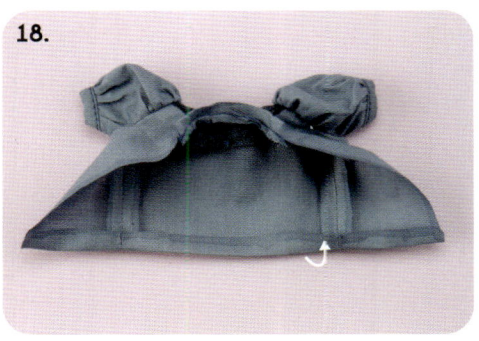

겉쪽으로 뒤집어서 옆선의 시접을 가름솔로 펼친다. 아랫단을 접어서 다림질한다.

19.

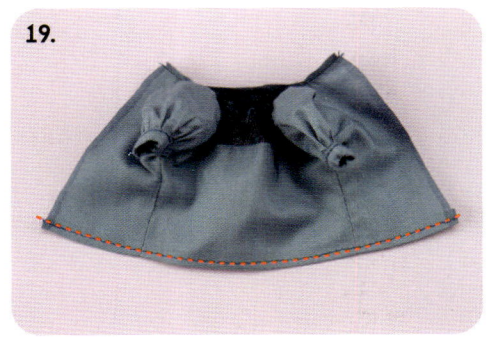

겉쪽에서 아랫단에 스티치를 넣는다.

20.

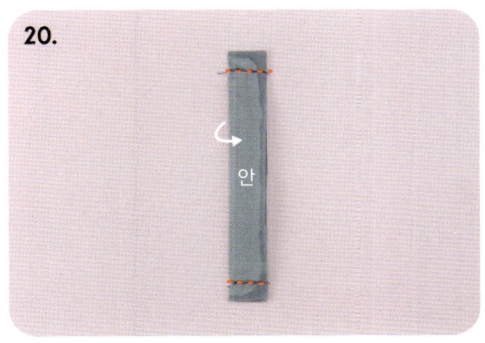

안단 조각을 겉감끼리 맞대 반으로 접은 후 위아래를 잘 맞춰 재봉한다.

21.

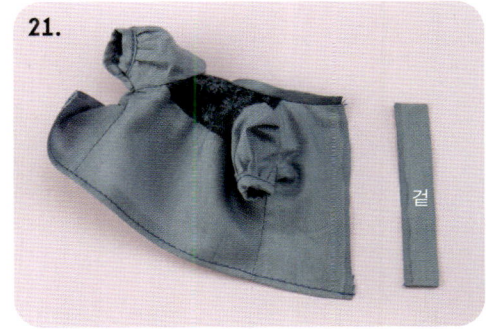

안단을 겉쪽으로 뒤집어 다림질한다.

22. 안단 조각을 왼쪽 뒤 몸판에 재봉해 붙인다.

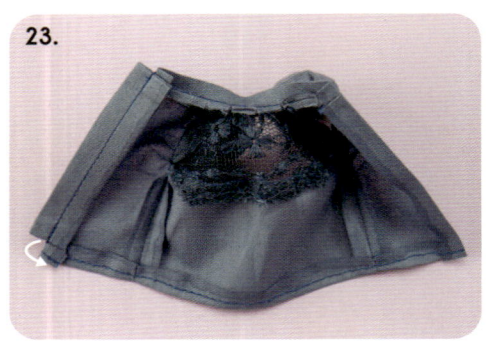

23. 시접을 몸판 쪽으로 접어넣고 스티치를 넣는다.

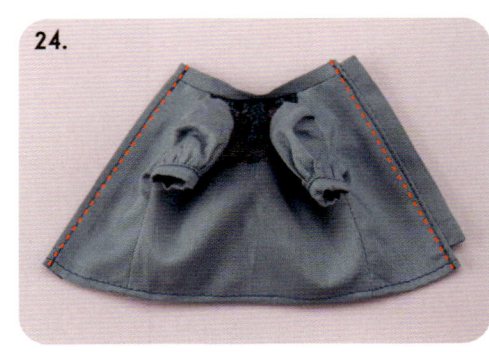

24. 오른쪽 뒷자락은 안쪽으로 접어넣고 스티치를 넣는다.

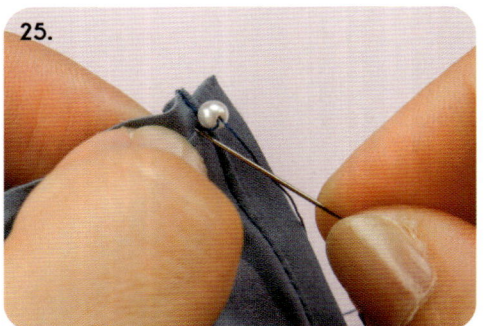

25. 왼쪽 뒤 몸판에 진주 구슬을 단다.

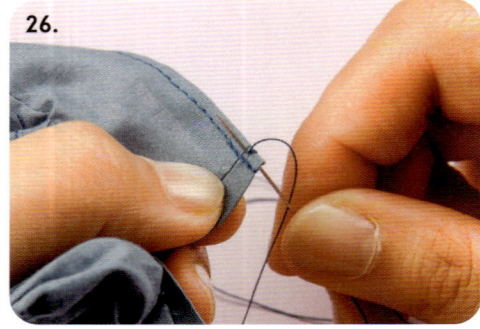

26. 실 고리를 만들 차례. 오른쪽 뒤판의 실 고리 위치에 두세 번 매듭을 지어 준다.

27. 다음엔 매듭지을 실을 끝까지 당기지 않고 둥글게 만든다.

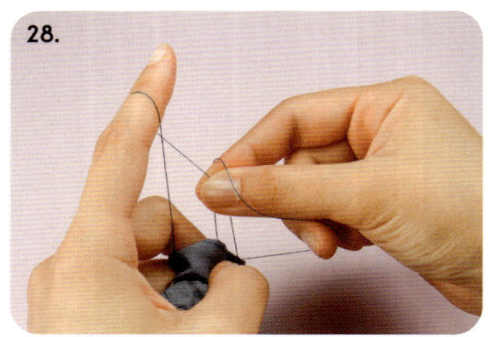

28. 둥근 고리 안에 실을 끼운다.

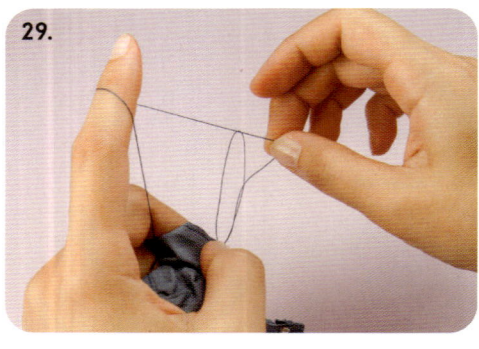

29. 통과한 실을 꽉 잡아당기면 한 개의 고리가 완성. 이어서 오른손의 고리에 다시 왼손의 실을 통과시켜 엮어간다.

30. 몇 번 반복해서 적당한 길이가 되면 고리로부터 실을 뽑아서 당겨준다.

31. 엮은 끝 부분을 매듭지어 고리를 완성한다.

32. 고리는 구슬이 살짝 끼는 정도로 하면 된다.
(※3mm 비즈의 고리 길이는 8～9mm 정도)

33. 이렇게 3개의 구슬과 고리를 만들어 달면 완성.

: 팬츠
견본: 후로우라이트
by F.L.C

26cm 후로우라이트
- 면 스판 원단…20cm×21cm
- 안감용 원단(주머니 안쪽 감, 요크)…19cm×5cm
- 파이핑용 원단(바이어스 방향으로 자른 것)…2cm×13cm
- 파이핑용 둥근 끈…13cm
- 작은 비즈(바지 트임용)…4개
- 의류용 걸고리(수놈 부분)…1개

44cm 언니
- 스판 데님 원단…28cm×30cm
- 안감용 원단(주머니 안쪽 감, 요크)…28cm×7cm
- 2mm 핫 픽스…4개
- 의류용 걸고리(수놈 부분)…1개

42cm 소녀
- 모직 혼방의 면 원단…32cm×31cm
- 안감용 원단(주머니 안쪽 감, 요크)…30cm×6cm
- 파이핑용 원단(바이어스 방향으로 자른 것)…2cm×21cm
- 파이핑용 둥근 끈…21cm • 허리용 리본…22cm
- 버클…1개 • 의류용 걸고리(수놈 부분)…2개

60cm 제로
- 모직 원단…42cm×42cm
- 안감용 원단(주머니 안쪽 감, 요크)…38cm×8cm
- 5mm 단추…8개 • 의류용 걸고리(수놈 부분)…1개
- 1cm 너비 합성피혁(멜빵용)…5cm 4개
- 0.5cm 너비 합성피혁(멜빵용)…27cm 2개, 9cm 2개
- 버클(멜빵용)…2개 • 2mm 핫 픽스(멜빵용)…4개

1.

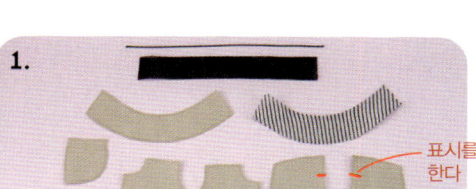

표시를 한다

각 부분을 잘라낸 후, 올 풀림 방지액을 발라 놓는다. (※여밈과 트임 위치의 재봉 끝선에 표시를 해둔다)

2.

튀어나온 부분을 자른다

파이핑용 원단을 반으로 접어 다림질한다. 접힌 곳에 둥근 끈을 올려놓고 원단의 한쪽에 본드를 바른다.

3.

원단이 접힌 부분에 끈이 위치하도록 잘 붙인 후, 누르면서 다림질한다.

4.

파이핑 테이프의 시접 부분을 5mm 폭으로 가지런히 잘라주면 파이핑 테이프 완성.

5.

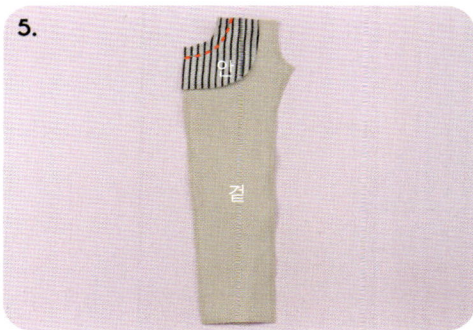

인
겉

앞판 바지의 주머니 입구와 주머니 안쪽 감을 겉끼리 마주 대어 재봉하여 합친다.

6.

겉
안

시접에 가윗집을 내고 안쪽으로 넘긴 후, 주머니 입구를 다림질로 예쁘게 정리한다.

7.

안

주머니 입구에 스티치를 넣어 눌러준다.

8.

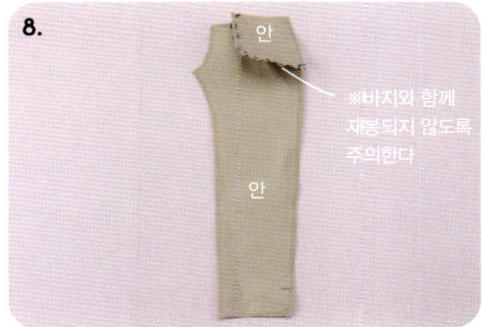

안
안

※바지와 함께 재봉되지 않도록 주의한다

주머니 안쪽 감과 겉쪽 감을 맞춰 시침질한 후, 재봉해서 합친다.

9.

겉

다른 쪽 앞판도 같은 방법으로 재봉한다.

10.

좌우의 바지 중심선을 재봉하여 합친다. 시접에 조심스럽게 가윗집을 넣어 가름솔한 후 눌러준다.

11.

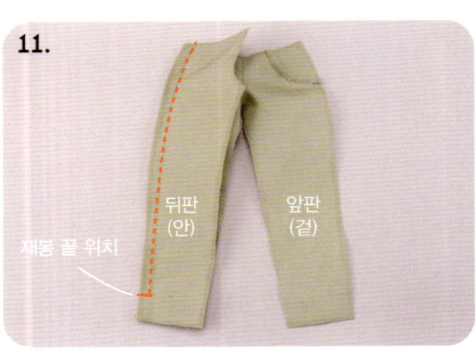

뒤판의 안쪽이 위로 오게 올려놓은 후, 앞뒷판 바지의 옆선을 아랫단의 재봉 끝 위치까지 재봉하여 합친다.

12.

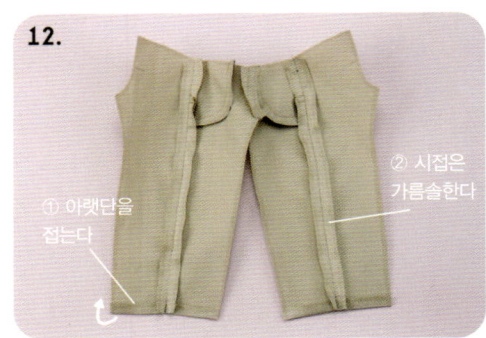

양 옆선을 재봉한다. 완성선에 맞춰 아랫단을 접고 시접을 가름솔하여 다림질한다.

13.

아랫단에 스티치를 넣는다.

14.

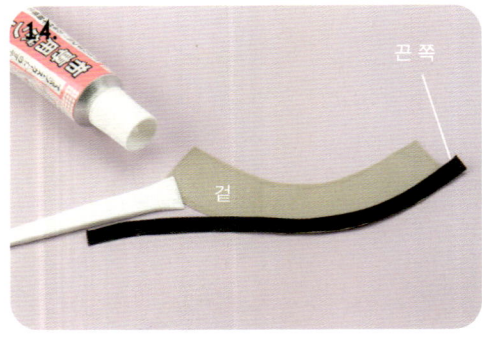

본드를 이용해, 요크에 파이핑 테이프를 가(假)고정한다.

15.

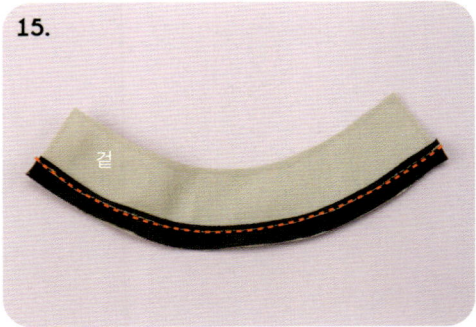

파이핑테이프의 시접을 5mm 남기고 재봉해 붙인다.

16.

바지와 요크의 중심을 맞춰 시침핀으로 고정한 후, 시침질한다.

17.

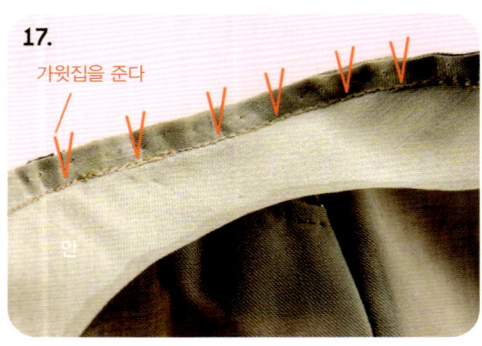

가급적 파이핑의 재봉선과 잘 맞춰서 요크 부분을 재봉하고, 시접에 가윗집을 준다.

18.

시접을 요크 쪽으로 넘기고 꼭꼭 눌러가며 다림질한다.

19.

요크 위에 요크의 안감을 포개어 맞댄 후 왼쪽만 재봉해서 합친다.

20.

재봉한 왼쪽 끝을 안쪽으로 접어넣고 요크의 위쪽을 재봉해 합친다.

21.

시접에 가윗집을 넣고, 안감을 안쪽으로 뒤집은 후, 송곳을 이용해 모서리의 모양을 잡고 다림질로 정리한다.

22.

요크 주변에 스티치를 넣어 눌러주고, 아랫단에 비즈를 단다.

23.

재봉 끝선

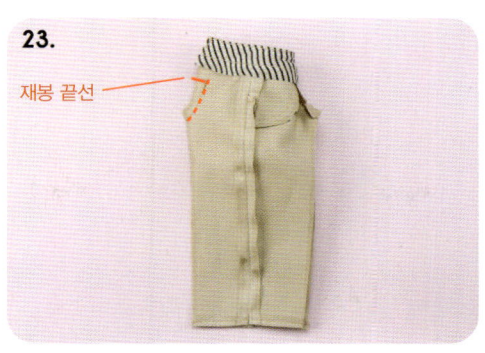

뒤의 트임 부분을 트임 끝 위치까지 재봉해서 합친다.

24.

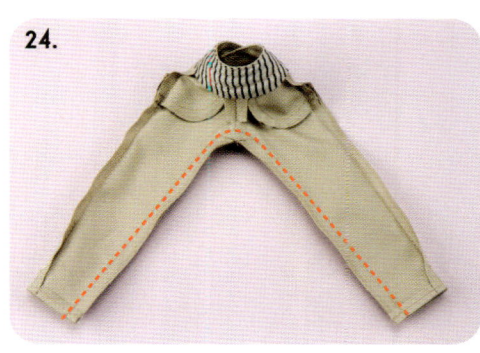

가랑이 부분을 저봉해 합친다.

25.

시접의 2곳에 가윗집을 주고 뒤집은 후 다림질로 정리한다.

26.

뒤 트임 부분에 의류용 걸고리를 단다.

27.

반대쪽에 실 고리를 만들면 완성.

: 양말

견본: 후로우라이트 by F.L.C

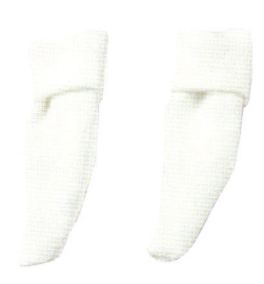

재료(가로×세로)

26cm **후로우라이트**
• 얇은 2WAY 원단…8cm×6cm

60cm **제로**
• 얇은 2WAY 원단…17cm×22cm

1.

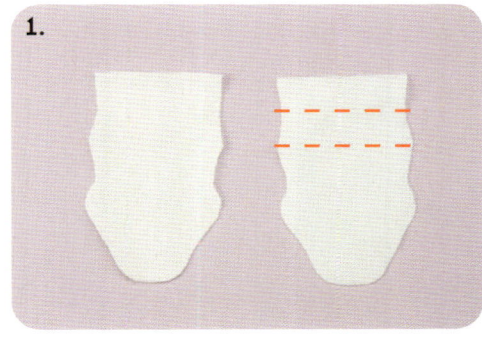

각 부분을 자른다.

2.

겉

접는 선을 겉쪽으로 2번 접는다.

3.

※잘 볼 수 있도록
노루발을 들었다

뒤중심을 겉끼리 맞대 재봉한다. 작고 늘어나는 소재일 경우, 아래에 종이를 대고 재봉하면 편하다.
(※종이를 댈 때는 종이가 깔끔하게 찢어지는 방향으로 재봉한다.)

4.

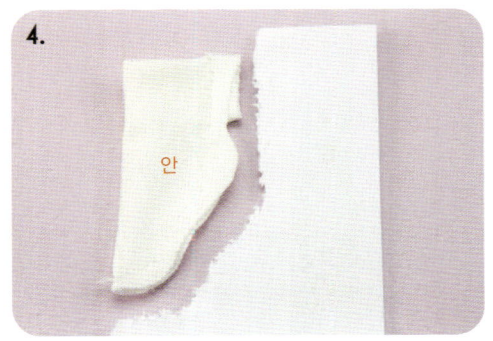

안

재봉선에 맞춰 종이를 찢어 떼어낸 후, 겉으로 뒤집는다.

 **응용** : 블라우스
치수: 유노아 소녀(작은 가슴)

응용 포인트:
소녀의 블라우스는 스탠드 칼라를 둥근 칼라로, 반소매를 민소매로 변형했다. 소매와 가슴 부분의 주름 장식은 주름을 잡는 연습으로도 유용하다.

① 칼라 부분의 겉끼리 마주 대고 재봉한 후, 시접에 가윗 집을 주고 겉쪽으로 뒤집는다.
② 칼라 부분을 다림질하여 모양을 잡고, 칼라 2장의 앞을 손바느질로 연결한다.
③ 가슴 프릴의 접은 선을 다림질하고, 주름을 바싹 붙여서 앞 몸판에 재봉해 붙인다. 요크와 앞 몸판을 재봉하고, 시접을 요크 쪽으로 넘겨 스티치를 넣는다.
④ 앞뒤 몸판의 어깨선을 재봉한 후, 몸판 네크라인과 칼라의 중심을 맞춰 재봉한다. 시접은 몸판 쪽으로 넘겨 스티치를 넣는다.
⑤ 소매 프릴의 접은 선을 다림질하고, 주름을 바싹 붙여서 몸판의 암홀에 재봉한다. 시접은 가윗집을 주고 몸판 쪽으로 넘긴 후 스티치를 넣는다.
⑥ 블라우스 만드는 법 16~33번 순서대로 마무리하고, 요크의 앞중심에 장식용 비즈를 달면 완성.

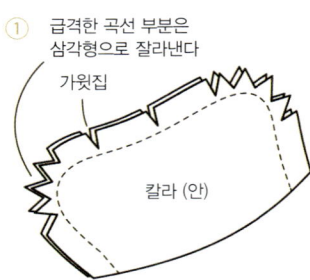

① 급격한 곡선 부분은 삼각형으로 잘라낸다
가윗집
칼라 (안)

② 앞중심
재봉선을 맞추기 위해 칼라 2장을 살짝 고정하고, 앞 몸판에 붙인 후에 제거한다
재봉선
칼라 (겉)   칼라 (겉)

: 가방
치수: 유노아 소녀와 언니

재료(가로×세로)

- 얇은 합성피혁…20cm×10cm
- 뚜껑 안감용 원단…6cm×4cm
- 파이핑용 원단(바이어스 모양으로 자른)…2cm×12cm
- 파이핑용 끈…12cm   • 6mm 둥근 링…2개
- 미니 고리…2개(핸드폰 줄 고리)
- 체인…원하는 길이
- 링…2개(체인의 구멍에 들어갈 크기)

응용 포인트:
파이핑 테이프 만드는 방법은 37쪽 바지 만드는 법 2~4번을 참고하면 된다.

① 벨트가 될 ABC 부분을 각각 접은 후 스티치를 넣는다. A 부분의 끝에 비스듬히 대각선으로 스티치를 넣고 끝부분을 자른다.
② 뚜껑에 파이핑 테이프를 재봉하고, 시접에 가윗집을 넣는다.
③ 뚜껑과 뚜껑의 안감을 겉끼리 마주 대고 재봉한다. 시접에 가윗집을 넣어 겉으로 뒤집고, 스티치로 눌러준다.
④ 뚜껑의 중심에 A 부분을 재봉한다. 2개의 C 부분을 6mm 둥근 링에 통과시키고, 반 접어 뚜껑에 재봉한다.
⑤ 가방 앞, 가방 뒤의 덧단 위쪽에 스티치를 넣는다. 가방 뒤에 뚜껑을 재봉해 붙인다.
⑥ 뚜껑을 끼워넣은 상태에서 가방 뒤판과 덧단을 재봉해 붙이고, 시접을 가방의 뒤쪽으로 넘겨서 스티치를 넣는다.
⑦ 버클에 B(A와 연결되는 끈) 부분을 통과시켜서 접은 후 접은 선에 맞춰 재봉한다. B 부분을 가방의 앞판 중심에 맞춰 재봉한다.
⑧ 가방 앞뒤판을 겉감끼리 맞대 옆선 끝까지 재봉한다. 겉감끼리 맞대서 가방 바닥 부분을 재봉하고 겉으로 뒤집어 모양을 잡는다.
⑨ 버클에 A 부분을 통과시킨다. 마음에 드는 길이로 자른 체인과 미니 고리, 둥근 링을 연결하여 가방 뒷면의 둥근 링에 달아준다.
⑩ 취향에 맞게 핫 픽스 등으로 장식한다.

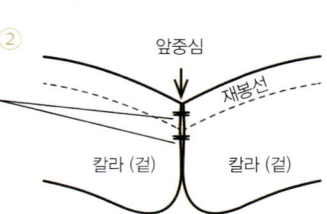

① 스티치
② 끝을 비스듬히 자른다
② 뚜껑 (겉)   시접에 작게 가윗집을 준다
③ 뚜껑 안감 (안)   곡선 부분의 시접에 가윗집을 준다

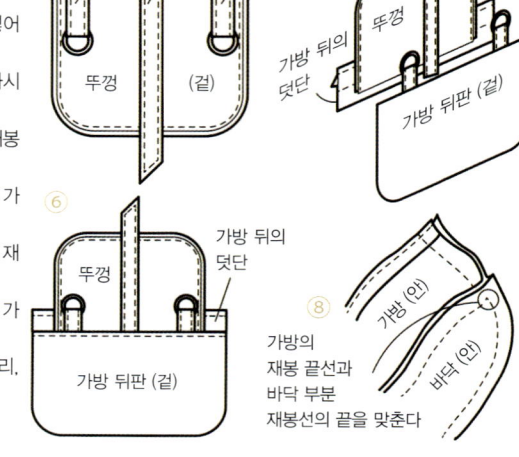

④ C 부분   A 부분   C 부분
뚜껑   (겉)
⑤ 가방 뒤의 덧단   뚜껑   가방 뒤판 (겉)
⑥ 뚜껑   가방 뒤의 덧단
⑧ 가방 (안)   바닥 (안)   가방의 재봉 끝선과 바닥 부분 재봉선의 끝을 맞춘다
가방 뒤판 (겉)

 **응용** : 크롭팬츠
치수: 유노아 소녀

응용 포인트:
소녀의 크롭팬츠는 장식 벨트와 중심선 눌러주기, 바지 아랫단 등, 3곳을 변형했다.

① 벨트용 리본에 버클을 통과시키고 허리 요크에 재봉해 붙인다.
② 바지 만드는 법의 1~12번 순서대로, 바지 아랫단까지 재봉한다.
③ 바지 아랫단의 접는선 1을 접고, 스티치를 넣는다.
④ 접는선 2를 접고 꼭꼭 눌러준다. 옆 솔기 위치에 간격을 두고 스티치를 넣어 고정한다.
⑤ 바지 만드는 법 14~27번 순서대로 마무리하고, 중심선을 접어 다림질한다.

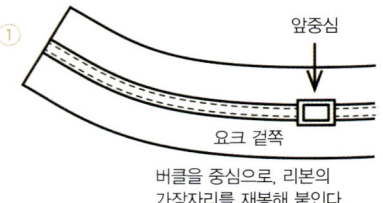

① 앞중심
요크 겉쪽
버클을 중심으로, 리본의 가장자리를 재봉해 붙인다

③ 바지 (겉)
스티치
접는선 2
접는선 1

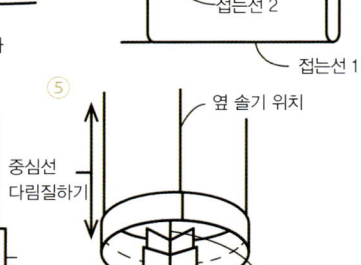

④ 옆 솔기 위치   바지 (겉)
접는선 1
접는선 2
이곳을 재봉해 고정한다

⑤ 옆 솔기 위치
중심선 다림질하기
바짓가랑이 선
옆 솔기 선과 바짓가랑이 선을 맞춰서, 바지 앞면의 접는 선을 확실하게 잡는다.

: 베레모
치수: 유노아 제로

재료(가로×세로)

- 얇은 니트 원단…17cm×29cm
- 안감용 원단(모자 옆통 부분side crown)…12cm×29cm
- 털 방울 장식…1개

응용 포인트:
모자는 오차를 감안해 신축성 좋은 소재를 추천한다.

① 각 부분을 자른 후, 모자 옆통 부분의 겉감과 안감을 겉끼리 마주 대고, 머리가 들어가는 부분을 재봉한다.
② 시접에 가윗집을 주고 겉으로 뒤집는다. 다림질로 형태를 아주고 가장자리에 스티치를 넣는다.
③ 모자 옆통 부분의 뒤 중심을 겉끼리 마주 대고 재봉해 붙인다.
④ 모자 윗부분과 옆통 부분을 겉끼리 마주 대고 재봉해 합친다.
⑤ 겉으로 뒤집은 후 털 방울 장식을 단다.

응용 : 튜닉
치수: 유노아 언니(작은 가슴)

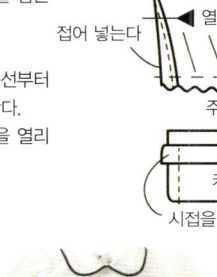

응용 포인트:
얇은 쉬폰 튜닉을 변형한 블라우스. 칼라 없는 라운드 넥에 튤로 안감을 붙이는 것이 포인트.

① 앞 요크에 레이스 A, B를 붙인 후, 앞뒤 요크의 어깨를 재봉하여 연결한다. 거칠게 자른(똑바르게 자르면 올이 풀리므로) 튤 원단 위에 요크를 얹어 네크라인을 재봉한다.
② 튀어나온 튤 원단을 자르고, 시접에 가윗집을 넣은 후 겉으로 뒤집어 스티치를 넣는다.
③ 소녀의 블라우스처럼 요크에 가슴 프릴을 붙이고, 앞뒤 몸판(스커트)에 주름을 잡는다. 시접은 요크 쪽으로 넘긴다.
④ 소매 커프스는 그림을 참고해서 재봉한다.
⑤ 소매의 어깨 부분에 주름을 잡은 후, 암홀에 맞춰 재봉해 붙인다. 몸판의 옆선부터 소매 끝까지 재봉하고 시접에 가윗집을 낸 후 겉으로 뒤집는다. 아랫단을 재봉한다.
⑥ 왼쪽 뒤 몸판에 여밈용 덧단을 만들어 재봉해 붙인다. 좌우 뒤 몸판의 시접을 열리는 끝 위치 조금 아래까지 접어 넣고 스티치로 눌러준다.
⑦ 비즈와 실 고리를 만들어 달면 완성.

① 튤 원단 / 네크라인에 스티치 / 요크 (안)
② 시접의 가장자리에 스티치 넣고, 남는 튤 원단을 자른다 / 겉으로 뒤집어 네크라인을 정돈한다 / 요크 (겉)

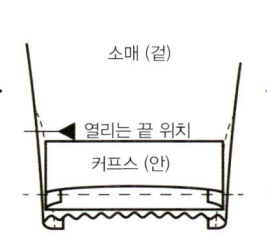
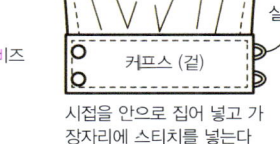

④ 소매 (안) / 접어 넣는다 / 열리는 끝 위치 / 주름을 잡는다 / 커프스 (안) / 시접을 한쪽만 접어 넣는다
→ 소매 (겉) / 열리는 끝 위치 / 커프스 (안) / 비즈 / 커프스를 소매 겉 쪽에 놓고, 접어 넣지 않은 쪽의 시접을 소맷부리에 재봉해 붙인다
→ 소매 (겉) / 열리는 끝 위치 / 커프스 (겉) / 실 고리 / 시접을 안으로 집어 넣고 가장자리에 스티치를 넣는다

⑤ 요크 (안) / 소매 (안) / 2곳에 가윗집을 준다 / 스커트 (안)
⑥ 뒤판 왼쪽 / 뒷여밈용 덧단 / 뒤판 오른쪽 / 열리는 끝 위치 / 열리는 끝 위치 아래까지 접어 넣는다

응용 : 블라우스
치수: 유노아 제로

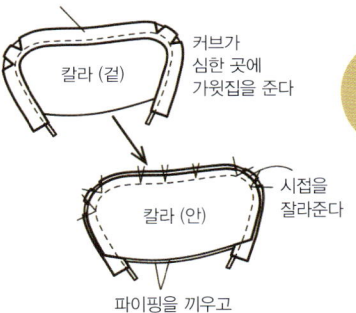

응용 포인트:
가슴 사이즈가 큰 제로의 옷엔 가슴 다트가 들어간다. 칼라 만드는 법은 유노아 소녀와 같고, 소매 커프스는 유노아 언니와 같다.

① 요크 패턴보다 큰 원단에 핀턱 주름을 잡아 놓고 패턴에 맞춰 재단한다. (52쪽 핀턱 제작 과정 참조)
② 칼라에 파이핑 테이프를 재봉해 붙인다. 다른 칼라 1장과 겉끼리 맞대 재봉한 후, 시접에 가윗집을 넣어 겉으로 뒤집는다.
③ 파이핑 테이프를 재봉한 요크를 몸판과 연결되도록 재봉한다. 시접은 요크 쪽으로 넘겨서 다림질한다.
④ 앞판 가슴의 다트를 재봉한다.
⑤ 앞뒤 몸판의 어깨를 재봉한 후, 소녀의 블라우스와 같은 방법으로 칼라를 재봉한다.
⑥ 소매와 커프스는 언니의 튜닉 만드는 법과 동일하게 재봉한다.
⑦ 블라우스 만드는 법 18~33의 순서와 동일하게 마무리한다.

② 파이핑 테이프 / 칼라 (겉) / 커브가 심한 곳에 가윗집을 준다 / 칼라 (안) / 시접을 잘라준다 / 파이핑을 끼우고 겉끼리 마주 댄다.

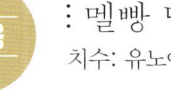

응용 : 데님 팬츠
치수: 유노아 언니

응용 포인트:
신축성이 뛰어난 데님 원단의 스키니 팬츠. 데님 원단의 올 풀림을 방지하기 위해 지그재그 재봉을 추천한다.

① 각 부분에 지그재그 재봉을 하고, 바지 만드는 법 1~12의 순서대로 재봉한다.
② 주머니 아래까지의 시접은 뒤로 넘겨 스티치를 넣고, 아래는 가름솔한다.
③ 바지 단의 시접을 접어서 스티치를 넣어 완성하고, 접는선에 맞춰 겉쪽으로 접어 올려 눌러준다.
④ 바지 만드는 법 16~27의 순서와 동일하게 마무리한다.

② 바지 뒤판 / 주머니 아래까지 시접은 뒤쪽으로 넘겨 스티치를 넣고, 나머지 시접은 가름솔한다. / 바지 앞판
③ 바지 (겉) / 접는선 / 접어 올려 바짓가랑이를 재봉해서 합친다.

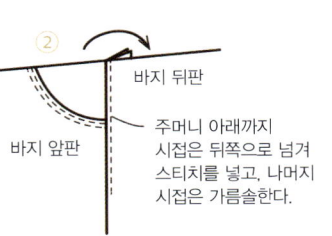
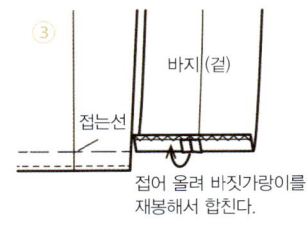

응용 : 멜빵 달린 크롭팬츠
치수: 유노아 제로

응용 포인트:
제로의 팬츠 만드는 법은 기본적으로 유노아 소녀와 동일하다.

1cm 폭의 합성피혁 테이프를 5cm로 자른다
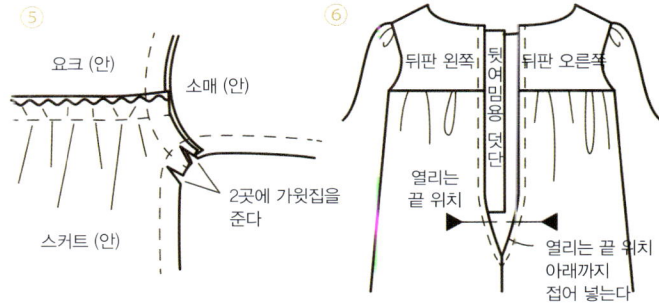
0.5cm의 칼집을 낸다
↓ 모서리는 둥글게 자른다
반으로 접어 양끝을 1cm 남기고 재봉한다
1cm

0.5cm 폭의 합성피혁 테이프 9cm에 통과시킨다
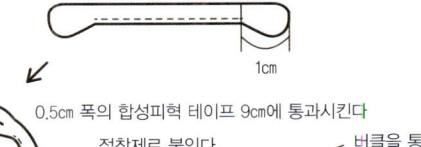
접착제로 붙인다 / 버클을 통과시킨다 / 핫 픽스를 붙인다

같은 모양으로(버클은 없이) 테이프를 길게 만들어 버클에 통과시키면 연결된다
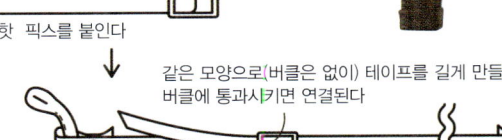
0.5cm 폭의 합성피혁 테이프 27cm
같은 모양으로 2개를 만들어 바지에 단다(뒤에서 교차). 사이즈는 버클 부분에서 조절한다.

: 뷔스티에

견본: 유노아 소녀(큰 가슴) by Atri

재료(가로×세로)

(26cm) 후로우라이트
- 실크 타프타(겉감)…15cm×15cm
- 얇은 면 평직(안감)…15cm×15cm
- 토숀 레이스…10cm(동그란 구멍이 있는 레이스)
- 어깨끈용 리본…30cm 정도
- C형 고리…2개(둥근 형태로 끝이 벌어지는 것)
- 장식용 끈, 리본, 비즈 등…적당히

(44cm) 언니(큰 가슴)
- 면 새틴(겉감)…25cm×20cm
- 얇은 면 평직(안감)…25cm×20cm
- 토숀 레이스…14cm   • 어깨끈용 리본…60cm 정도
- C형 고리…2개   • 장식용 끈, 리본, 비즈 등…적당히

(42cm) 소녀(큰 가슴)
- 실크 타프타(겉감)…25cm×20cm
- 얇은 면 평직(안감)…25cm×20cm
- 토숀 레이스…14cm
- 어깨끈용 리본…60cm 정도   • C형 고리…2개
- 장식용 끈, 리본, 비즈 등…적당히

(60cm) 제로
- 실크 타프타(겉감)…30cm×20cm
- 얇은 면 평직(안감)…30cm×20cm
- 토숀 레이스…18cm   • 어깨끈용 리본…11cm 2개
- 레이스 업용 리본…80cm 정도   • C형 고리…2개
- 장식용 끈, 리본, 비즈 등…적당히

1

겉감   컵2 컵1 컵2   레이스 2개

몸판4 몸판3 몸판2 몸판1 몸판2 몸판3 몸판4

안감   컵2 컵1 컵1 컵2

몸판4 몸판3 몸판2 몸판1 몸판2 몸판3 몸판4

각 부분을 재단한다. 토숀 레이스는 몸판보다 조금 길게 자른다.

2.
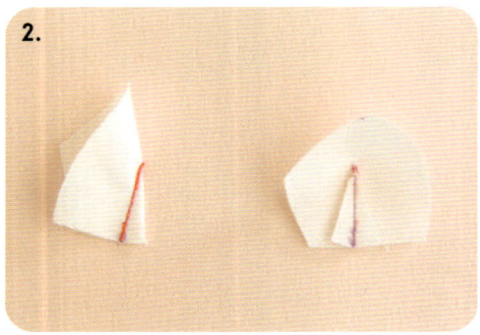

'컵2'의 다트를 재봉한 후, 시접 가운데를 갈라서 한쪽으로 넘기고 다림질한다.

3.
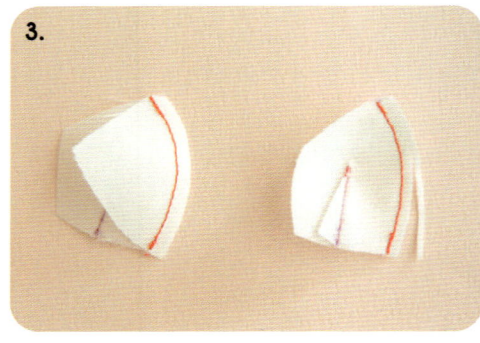

'컵1'과 '컵2'를 겉끼리 마주 대서 재봉한다. 시접을 조금 잘라내서 열리기 편하게 한다.

4.

시접을 가름솔한다. 둥근 모양의 물체 위에 올려놓고 작업하면 예쁘게 나눠진다.

5.
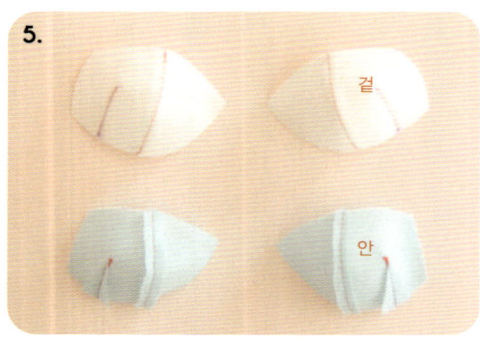

겉

겉

안

안감도 같은 방법으로 만들고, 좌우도 맞춰서 만든다.

6.
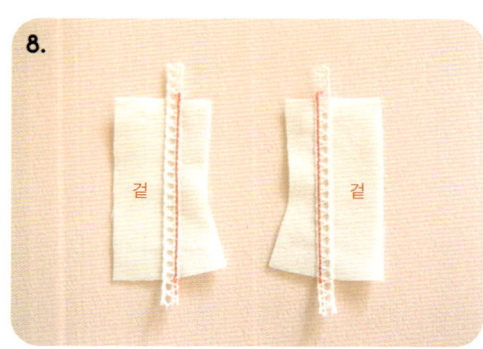

접는다
① 안 ②

컵의 겉감과 안감을 겉끼리 마주 대고 재봉한다. 시접을 안쪽으로 접고 측면도 재봉한다.

7.

겉으로 뒤집어 봉긋한 모양이 되도록 다림질하고 튀어나온 부분은 잘라낸다.

8.

겉

겉

'몸판4'에 토숀 레이스를 겹쳐서 재봉한다. 이때, 레이스를 붙이는 방향이 틀리지 않도록 주의한다.

9.

안   안

'몸판1'과 '몸판2'를 겉끼리 마주 대서 재봉하여 합친다.

10.

시접 윗부분 1cm 정도의 위치에 조심스레 가윗집을 낸다. 위쪽은 가름솔, 아래쪽은 몸판의 중심 쪽으로 접는다.

11.

'몸판3'과 '몸판4'도 같은 방법으로 재봉하는데 시접은 자르지 말고 모두 안쪽으로 접는다.

12.

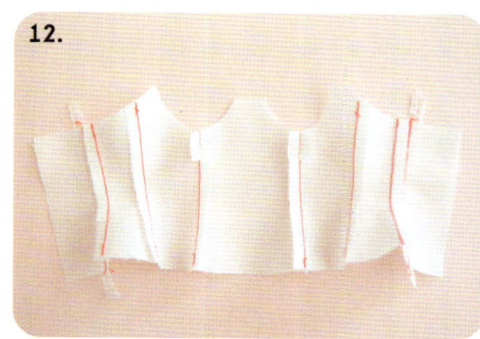

'몸판2'와 '몸판3'을 재봉해서 전체를 연결한다. 시접은 '몸판3' 쪽으로 접는다.

13.

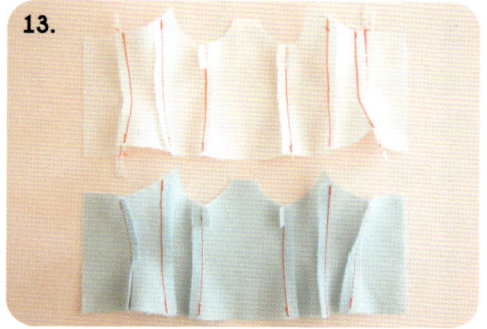

안감도 같은 방법으로 재봉한다. 시접은 겉감과 반대쪽으로 접는다.

14.

버지스라인
(Verge's Line)

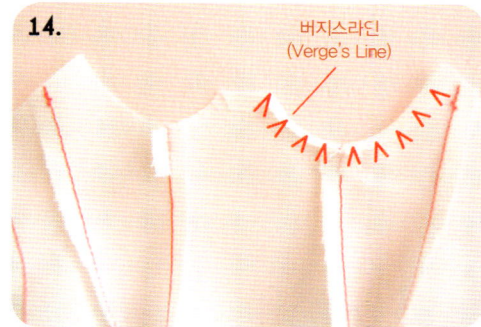

버지스라인(유방 아래 선)을 따라 촘촘히 가윗집을 넣는다. 중심, 버지스라인 순서로 다림질해서 접힌 선을 꼭 눌러준다.

15.

접힌 선을 따라서 조심스럽게 컵을 재봉해 붙인다. 좌우가 같도록 주의한다.

16.

재봉하면서 컵이 찌그러지지 않도록 주의하고, 겉쪽부터 다림질한다.

17.

안감의 버지스라인도 겉감처럼 가윗집을 넣는다. 접힌 선을 꼭 눌러준 후, 겉끼리 마주 대고 가장자리를 재봉해서 합친다.

18.

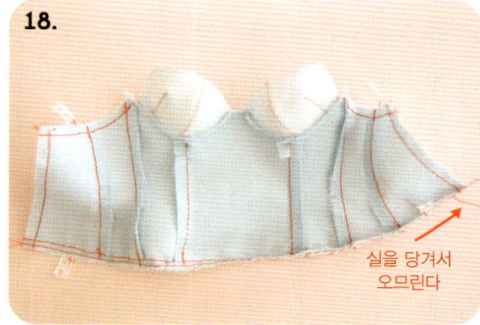

실을 당겨서 오므린다

아랫단에 듬성듬성 홈질 재봉을 한 후, 실을 잡아당겨 오므리며 접어 올리면 예쁜 곡선 형태가 된다. 심하게 잡아당기면 주름이 잡히므로 주의한다.

19.

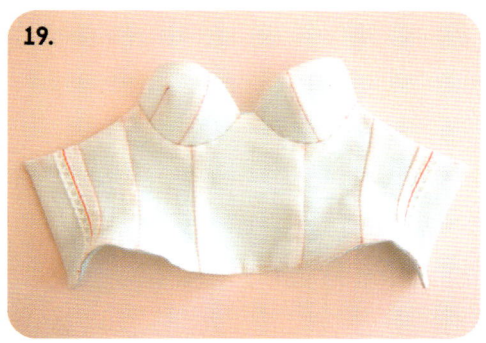

가슴 아래 부분에서 겉으로 뒤집고, 모서리를 정리한다.

20.

뒤집은 쪽 구멍을 공그르기 해서 막아준다.

21.

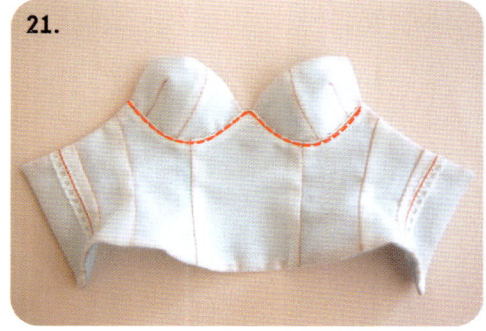

컵과 몸판의 이음새 부분에서 1mm 떨어진 곳에 스티치를 넣어준다.

22.

같은 방법으로, 세로 선도 재봉 선에서 1mm 떨어진 곳에 스티치를 넣는다.

23.

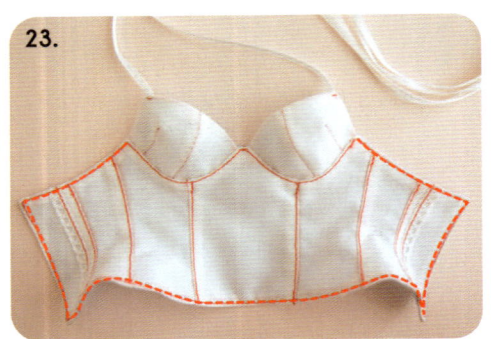

마지막으로 몸판의 가장자리에 스티치를 넣고, 어깨끈용 리본을 달아주면 완성.
(※리본의 길이는 30㎝를 기준으로 인형에 맞춰 가감한다.)

24.

등쪽에서 리본을 교차시켜, 레이스에 통과시킨 후 매어준다.
(※리본을 교체하고 싶다면, C형 고리를 붙여서 리본을 통과시키면 된다.)

: 쇼츠

견본: 유노아 소녀 by Atri

재료(가로×세로)

26cm 후로우라이트
• 실크 타프타…4cm×4cm
• 쇼츠용 레이스…적당히
• 프릴 고무레이스(mokuba.4304 9mm)…7cm
• 장식용 끈, 리본, 비즈 등…적당히

44cm 언니
• 면 새틴…7cm×7cm
• 쇼츠용 레이스…적당히
• 프릴 고무레이스(mokuba.4660 10mm)…15cm
• 장식용 끈, 리본, 비즈 등…적당히

42cm 소녀
• 실크 타프타…7cm×7cm
• 쇼츠용 레이스 – 적당히
• 프릴 고무레이스(mokuba.4660 10mm)…15cm
• 장식용 끈, 리본, 비즈 등…적당히

60cm 제로
• 실크 타프타…10cm×10cm
• 신축성 있는 레이스…적당히
• 쇼츠용 허리 고무밴드(mokuba.4660 10mm)…19cm
• 장식용 끈, 리본, 비즈 등…적당히

1.

쇼츠의 재료를 재단한다. 뒤판은 레이스의 가장자리가 바깥쪽으로 나오게 패턴에 맞춰 삼각형으로 자른다.

2.

앞판의 세 방향을 안쪽으로 접어 넣고 재봉틀로 눌러준다. 뒤판은 겉끼리 마주 대고 재봉한 후, 시접을 한쪽으로 넘기고 펼쳐 놓는다.

3.

앞판과 뒤판을 재봉해서 합치고, 펼쳐서 재봉틀로 눌러준다.

4.

고무밴드의 끝을 비스듬히 자른다

앞판의 양 옆에 허리 고무밴드를 재봉해서 붙인다.

5.

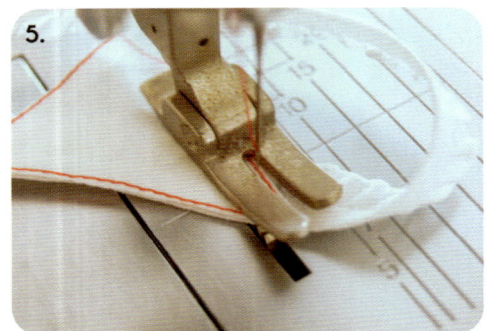

고무밴드 부분이 말려들지 않도록 주의하면서 재봉해나간다.

6.

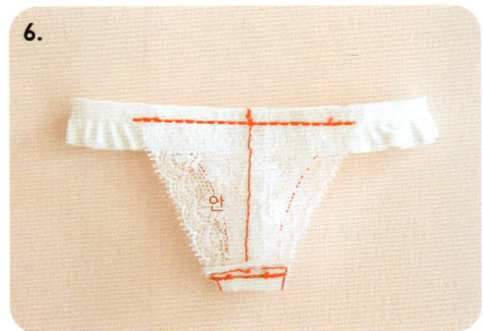

고무밴드 안쪽에 뒤판을 겹친 후, 겉쪽에서 스티치를 넣어 완성한다. 좋아하는 리본을 단다.

: 튜튜 스커트
치수: 후로우라이트

재료(가로×세로)

- 부드러운 튤…60cm×11.5cm
- 부드러운 튤…40cm×10.5cm
- 얇은 면 평직(기본 스커트)…30cm×15cm
- 얇은 면 평직 바이어스테이프…0.9cm 너비×14cm
- 걸고리…1쌍

① 튤을 각 사이즈(60cm×11.5cm, 40cm×10.5cm)로 잘라둔다.
② 패턴에 맞춰 기본 스커트를 재단하고, 아랫단을 지그재그로 재봉한다.
③ 튤 윗부분에 주름을 잡아 40cm, 60cm의 순서대로 스커트에 재봉해 붙인다.
④ 바이어스테이그의 겉쪽을 허리 부분에 겹치고, 1번에서 만든 튤에 시접을 끼워 넣고 재봉해 붙인다.
⑤ 그림처럼 바이 어스테이프를 안쪽으로 되접어꺾고 시접을 감싸서 감침질한다.
⑥ 뒷중심(기본 스커트, 튤)을 각각 트임까지 재봉하고, 걸고리를 단다.

④ 바이어스테이프를 기본 스커트의 허리선에 겹쳐서 재봉한다

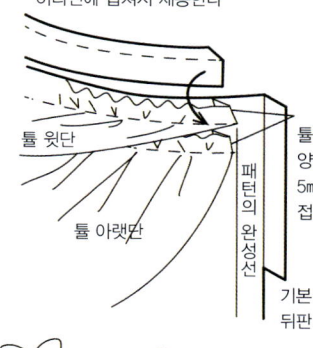

튤 윗단
튤 아랫단
패턴의 완성선
튤의 양단은 5mm 안쪽으로 접어둔다
기본 스커트 뒤판(겉)

바이어스의 남은 끝을 안쪽으로 접는다
시접을 정리해서 안쪽으로 접는다

⑤ 튤 윗단
튤 아랫단
기본 스커트 뒤(안)
바이어스로 시접을 감싸서 감침질한다
패턴의 완성선

⑥
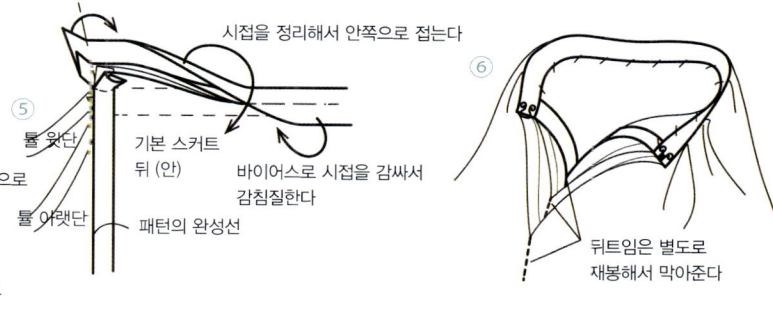
뒤트임은 별도로 재봉해서 막아준다

응용

: 뷔스티에
치수: 후로우라이트

응용 포인트:
작은 유노아들은 가슴 아래 부분에서 겉으로 뒤집기 어렵기 때문에 아랫단에서 겉으로 뒤집는다. 아랫단은 레이스를 끼워 공그르기한다.

④ 컵 위에 둥근 고리를 리본으로 매단다

③ 아랫단에 레이스를 붙인다

① 뷔스티에 만드는 법 1~16번을 참고한다. 유노라의 컵은 1장뿐이므로 다트만 재봉하면 된다.
② 겉감과 안감을 겉끼리 맞대, 가장자리와 가슴 아래를 곡선으로 재봉한다(아랫단은 남긴다). 아랫단을 통해 겉으로 뒤집는다.
③ 컵의 경계선, 세로 라인, 가장자리에 스티치를 넣고, 아랫단에 레이스를 덮듯이 붙이고 공그르기한다.
④ 컵 상단에 C형 고리를 재봉해 붙이고 리본을 통과시켜 완성한다.

: 스타킹
치수: 후로우라이트 & 유노아 제로

재료(가로×세로)

- 스타킹용 고무레이스…12cm(후로우라이트)/26cm(제로)
- 스타킹용 망사원단…15cm×20cm(후로우라이트)/ 30cm×35cm(제로)

응용 포인트:
스타킹을 만드는 방법은 제로와 후로우라이트가 동일하다.

① 스타킹의 입구에 레이스를 단다.
② ㅅ 접 부분을 지그재그 재봉한 후, 발끝의 모양을 잡아 재봉하고 겉으로 뒤집는다.

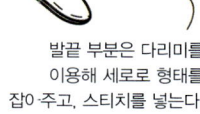
발끝 부분은 다리미를 이용해 세로로 형태를 잡아 주고, 스티치를 넣는다.

: 스커트 쇼츠
치수: 유노아 언니

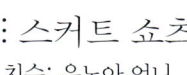

재료(가로×세로)

- 면 새틴(스커트 겉감)…25cm×15cm
- 레이스(스커트 안쪽 플리츠용)…적당히
- 신축성 있는 레이스…적당히(10cm 정도)
- 스냅…2쌍
- 장식용 리본, 부속 등…적당히

②
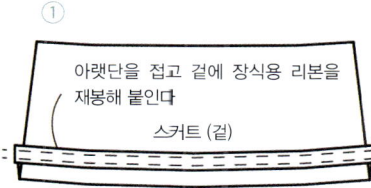
스커트 레이스
스커트(안)
스커트 레이스

①
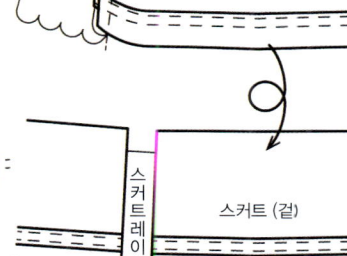
아랫단을 접고 겉에 장식용 리본을 재봉해 붙인다
스커트(겉)

스커트 레이스
스커트(겉)
주름 부분을 가볍게 고정해둔다

응용 포인트:
플리츠 스커트에 쇼츠가 붙어 있는 형태. 쇼츠 패턴은 언니용 노멀 쇼츠와 같다.

① 스커트 원단의 아랫단을 8mm 접어 올려 다림질한다. 아랫단에 하얀 리본을 시침질하고 접어 올린 아랫단과 함께 재봉한다.
② 스커트 원단 사이 사이에 레이스가 들어가도록 재봉하고, 주름 잡힌 모양으로 접어서 시침질한다.
③ 허리 겉감에 완성된 스커트를 재봉해 붙인다.
④ 허리 겉감과 안감을 겉끼리 마주 대어 가장자리를 재봉한 후 겉으로 뒤집는다.
⑤ 쇼츠 원단의 다리 쪽 시접을 안쪽으로 넘긴 후 재봉한다.
⑥ 스커트 안쪽에 쇼츠를 겹치고, 쇼츠와 허리를 누르며 재봉한다. 겉으로 뒤집어 스냅을 단다.

⑥
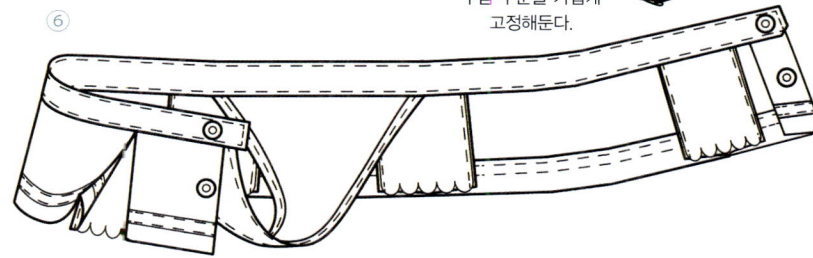

재료(가로×세로)

27cm 아즈라이트
- 면 쉬폰…21cm×23cm
- 피케 면(요크용)…6cm×6cm
- 5mm 단추…8개
- 고무실…20cm

50cm 형(큰 가슴/작은 가슴)
- 면 쉬폰…35cm×35cm
- 피케 면(요크용)…10cm×10cm
- 5mm 단추…8개
- 고무실…20cm

43cm 소년
- 면 쉬폰…35cm×35cm
- 피케 면(요크용)…10cm×10cm
- 5mm 단추…8개
- 고무실…20cm

1.

요크의 곡선 부분에 주름용 스티치를 넣어둔다.

2.

주름 잡은 실을 살짝 잡아당겨 곡선 형태를 잡고, 요크를 접어서 다림질로 눌러 완성한다.

3.

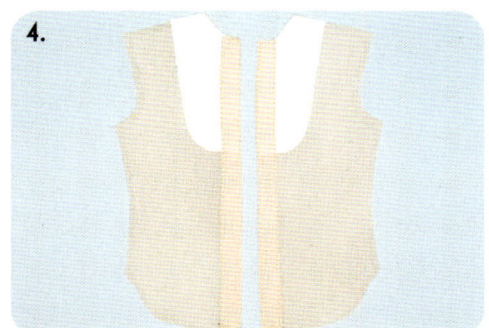

앞 덧단의 분량을 감안해, 패턴의 요크 귀치를 확인하면서 앞 몸판에 요크를 재봉해 붙인다.

4.

앞 덧단을 접어서 눌러주며 재봉한다.

5.

뒤 몸판에 주름을 잡기 위해 주름 위치에 스티치를 2줄 넣어준다.

6.

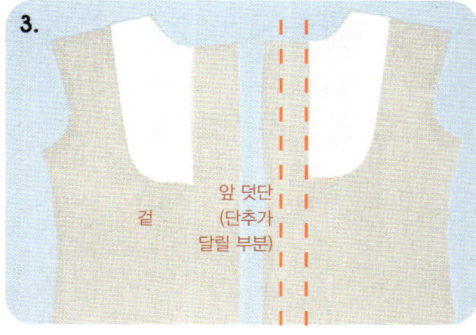

뒤 요크의 폭에 맞춰 뒤 몸판의 주름을 잡고, 요크와 뒤 몸판을 재봉한다. 시접은 요크 쪽으로 넘겨서 눌러가며 재봉한다.

7.

앞뒤 몸판의 어깨선을 재봉하여 연결한 후, 시접을 가름솔한다.

8.

커프스 폭에 맞춰 손목에 주름을 잡고 커프스와 소매를 재봉해 붙인다. 커프스의 시접을 사진처럼 안쪽으로 접고, 다시 커프스를 겉끼리 맞대 바깥쪽으로 2번 접는다.

9.

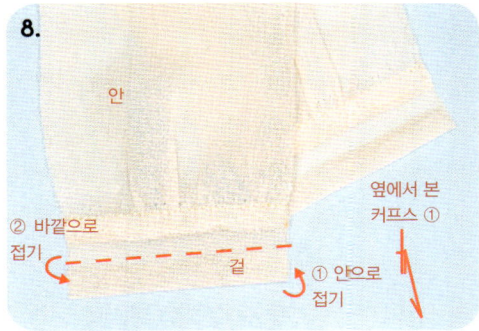
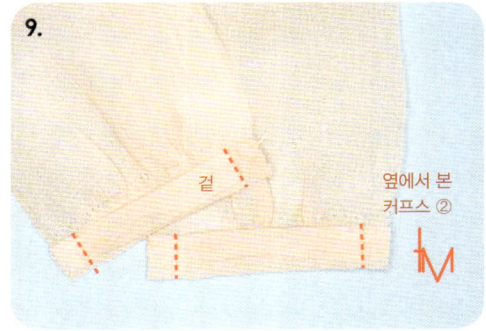

사진처럼 커프스를 병풍 모양(Z 형태가 되도록)으로 접고, 양쪽 단을 세로로 재봉한다.

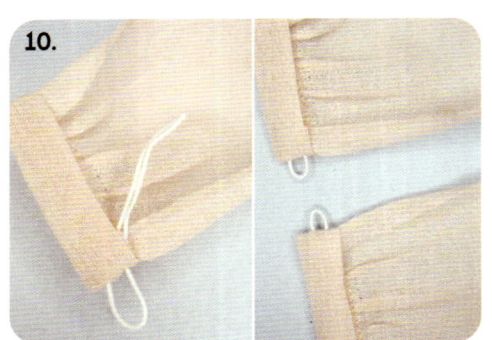

10.
커프스를 겉쪽이 보이게 뒤집어서 다림질로 눌러준다. 재봉선 사이에 고무실을 통과시켜 고리를 만든다.

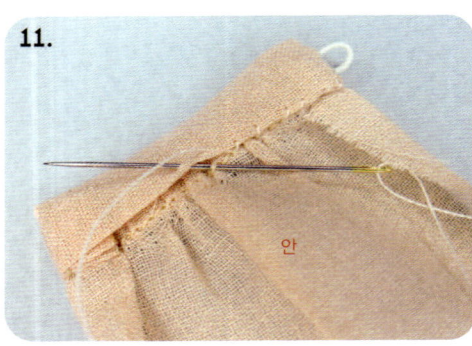

11.
커프스를 공그르기로 마감한다.

12.
소매를 몸판과 재봉한다. 시접을 소매 쪽으로 넘기고 다림질로 눌러준다.

13.
몸판 아랫단의 곡선 부분에 주름을 넣기 위해 스티치를 넣는다.

14.
실을 살짝 잡아당기며 아랫단 시접을 안쪽으로 접어 다림질한다.

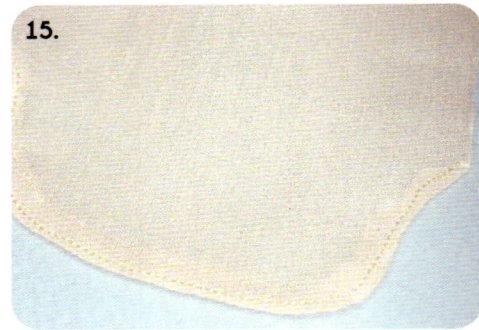

15.
아랫단을 눌러가며 재봉한다.

16.
몸판 아랫단~겨드랑이~소매 입구까지 재봉한다. 시접을 가름솔하고 겉으로 뒤집는다.

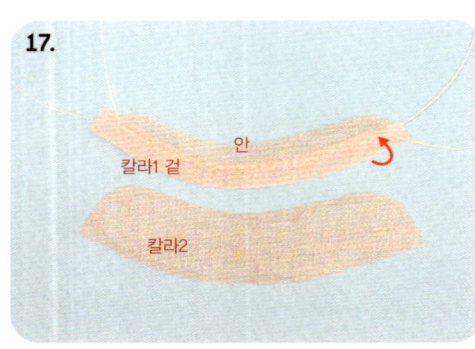

17.
한쪽 칼라의 아랫단에 주름용 스티치를 넣는다. 실을 조금씩 잡아당기며 접어서 완성하고, 다림질한다.

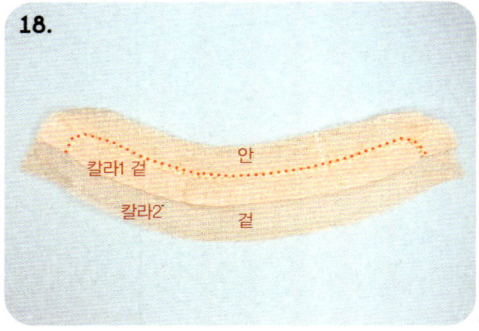

18.
다른 쪽 칼라와 겉끼리 맞대고, 사진의 점선(주름 스티치보다 안쪽)을 재봉한다.

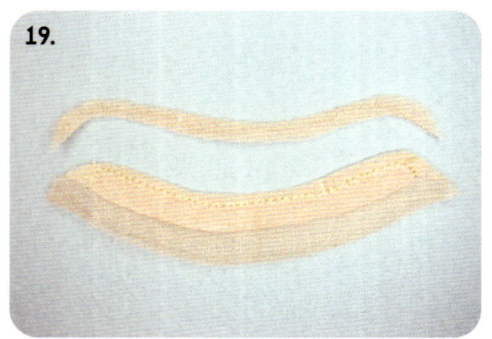

19.
시접을 2~3mm 정도 남기고 잘라준다.

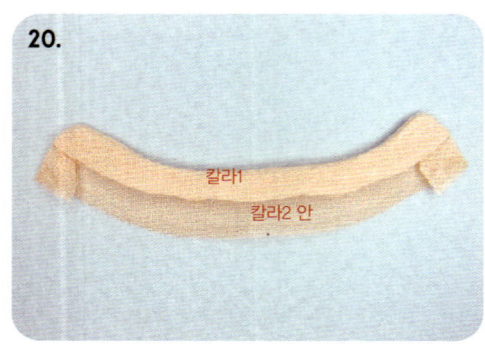

20.
칼라를 겉으로 뒤집어서 다림질한다.

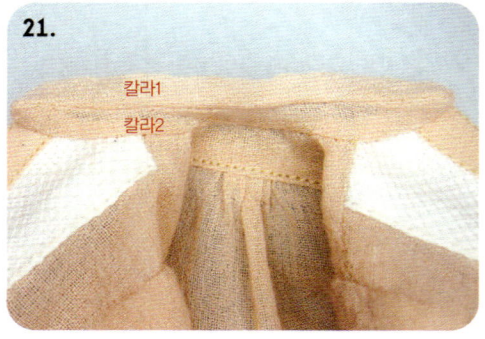

21.
몸판의 네크라인에 가윗집을 내고, 칼라를 재봉해 붙인다.

22.

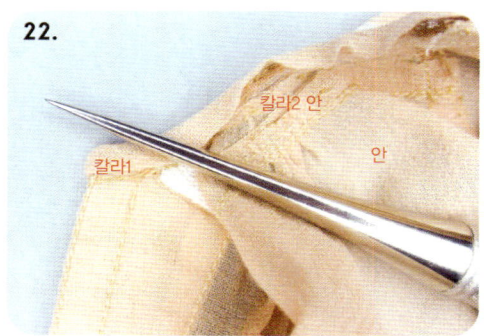

칼라2 안

칼라1

안

시접을 감싸듯이 칼라를 접어준다

23.

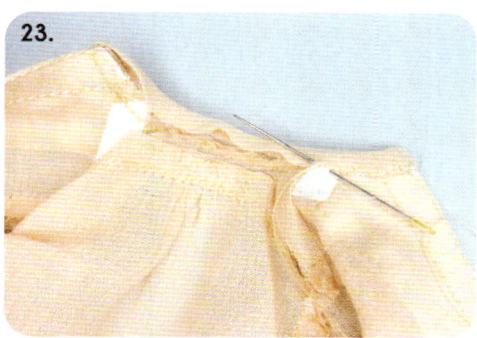

공그르기로 칼라를 재봉한다.

24.

앞 덧단과 커프스에 버튼홀 스티치로 단춧구멍을 만들고 단추를 단다. (※단춧구멍을 못 만들 경우, 반대쪽의 앞 덧단과 커프스에 단추를 달고, 1/3/5번째 단추 위치의 덧단 안쪽에 스냅 단추를 단다.)

: 팬츠

견본: 유노아 아즈라이트

by Poupée mécanique

재료(가로×세로)

27cm 아즈라이트
- 얇은 트위드(홈스펀)…26cm×20cm
- 5mm 단추…6개
- 걸고리 호크…1개
- 고무실…20cm

50cm 형
- 얇은 플란넬…30cm×50cm
- 5mm 너비 능직 리본…48cm
- 6mm 단추…6개
- 걸고리 호크…2개
- 5mm 사이즈 핫픽스…1개
- 고무실…20cm

43cm 소년
- 얇은 트위드(홈스펀)…24cm×45cm
- 5mm 너비 능직 리본…48cm
- 6mm 단추…6개
- 걸고리 호크…2개
- 5mm 사이즈 핫픽스…1개
- 고무실…20cm

1.

뒤판   앞판   앞판   뒤판

앞뒤판을 겹쳐서 옆선을 재봉한다-. 앞판을 합친 후 밑위선을 재봉하고, 시접에 가윗집을 넣어 가름솔하고 다림질한다.

2.

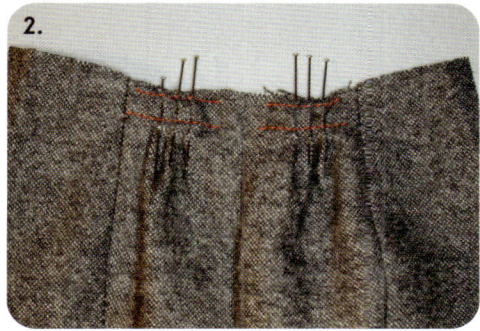

주름을 잡아 시침핀으로 고정한다. 사진처럼 주름을 임시로 재봉하고(주름 위치의 2줄 스티치) 시침핀을 제거한다.

3.

안

허리벨트를 재봉해 붙이고, 시접은 벨트 쪽으로 접어 다림질한다.

4.

허리벨트를 사진의 흰색 점선 위치에서 겉감끼리 마주 대고 접는다.

5.

사진처럼 허리벨트의 양끝을 재봉한다.

6.

허리벨트를 겉으로 뒤집어서 다림질한다.

7.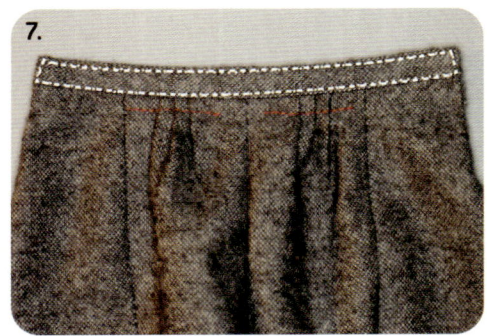

벨트 가장자리를 눌러 재봉하고 주름 위의 임시 재봉선을 제거한다.

8.

바지의 아랫단을 접어 재봉한다.

9.

뒤판을 겉끼리 맞대, 트임선까지 밑위를 재봉한다. 시접에 가윗집을 넣어 가름솔한다.

10.

앞판을 겉끼리 맞대 사진처럼 시침핀으로 고정한다. 아랫단~가랑이를 지나 반대편까지 밑아래 선을 재봉하고 시접은 가름솔한다.

11.

겉으로 뒤집는다.

12.

장식용 단추를 달고, 뒤판 여밈 위치에 걸고리 호크를 단다.

 **: 팬츠**
치수: 유노아 소년&유노아 형

응용 포인트:
사이즈가 큰 소년과 형의 바지는 앞여밈으로 만든다. 만드는 순서는 약간 다르지만, 각 부분별 설명은 아즈라이트 바지와 같다.

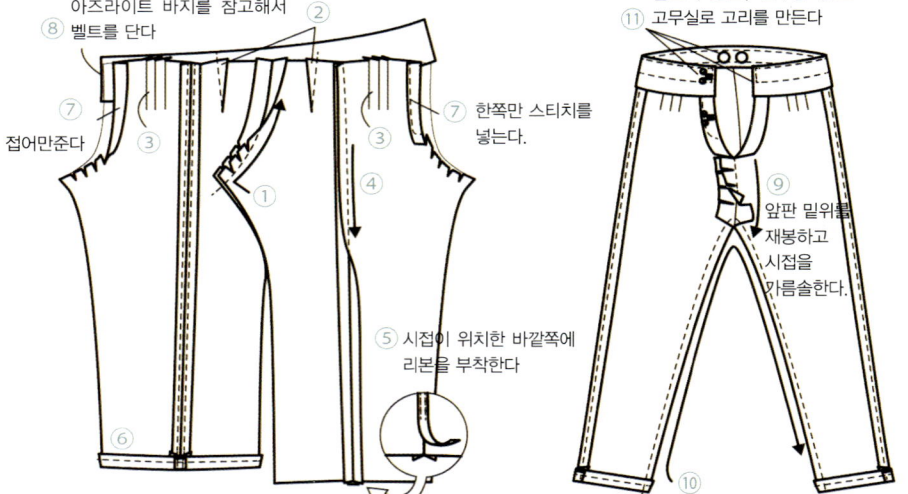

① 뒤판을 겹쳐서 밑위를 재봉하고, 시접에 가윗집을 넣어 가름솔한다.
② 뒤판의 다트를 재봉하고, 시접을 중앙으로 넘겨 다림질한다.
③ 앞판의 주름을 잡고, 시침핀으로 임시 고정한다.
④ 앞판과 뒤판을 겹쳐서 옆선을 재봉하고 시접은 가름솔한다.
⑤ 옆선 시접을 덮을 정도의 위치에 리본을 재봉해 붙인다.
⑥ 아랫단을 재봉한다.
⑦ 앞 밑위선의 시접에 가윗집을 내고 접은 후, 앞트임을 눌러가며 재봉한다.
⑧ 허리벨트를 재봉해 붙이고, 겉으로 뒤집어 누르면서 재봉한다.
⑨ 앞판을 겉끼리 마주대고 밑위선을 트임 위치까지 재봉한다. 시접은 가름솔하여 다림질한다.
⑩ 앞판과 뒤판을 겉끼리 마주대고, 아랫단~밑위~아랫단까지 재봉한다. 시접은 가름솔하고 겉으로 뒤집는다.
⑪ 앞트임에 걸고리 호크를 단다. 호크의 반대쪽에는 실고무로 고리를 만든다. (※암놈 호크는 달지 않는 것이 좋다.)

: 양말
치수: 아즈라이트&유노아 소년&유노아 형

재료(가로×세로)
- 얇은 트위드(홈스펀)…12㎝×7㎝(아즈라이트) / 20㎝×15㎝(소년&형)

응용 포인트:
양말 패턴은 유노아 소년과 형이 동일하다.

① 양말의 입구를 접어 재봉하고, 뒷중심선을 재봉한다.

: 점퍼스커트

견본: 치비 유노아(큰 가슴/작은 가슴) by SILVER BUTTERFLY

재료(가로×세로)

35cm **치비(큰 가슴/작은 가슴)**
- 캔버스 원단(얇고 세밀한 조직)···60cm×60cm
- 작은 링···4개
- 6mm 도금 단추···2개
- 4mm 도금 단추···2개
- 스냅버튼···2쌍

※참고: 캔버스 원단은 줄어들 염려가 있어, 미리 세탁한 후 정리해서 사용한다.

1.

양쪽 주머니의 위를 접어 재봉하고, 인두 등으로 누르면서 모양을 잡는다.

2.

장식용 주머니 2장을 겉끼리 맞대 재봉하고, 시접의 끝을 열어두어 겉으로 뒤집기 쉽게 한다.

3.

앞뒤 스커트의 겨드랑이 부분을 재봉해 합치고, 시접은 가름솔한다.

4.

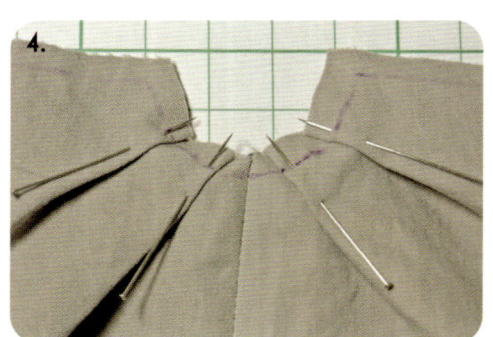

겨드랑이 부분 4군데에 다트를 잡는다.

5.

시접을 누르듯 스티치를 넣어 고정시킨다.

6.

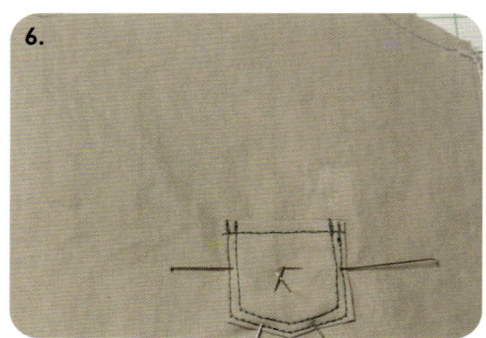

스커트 아래쪽에 양쪽 주머니를 단다.

7.

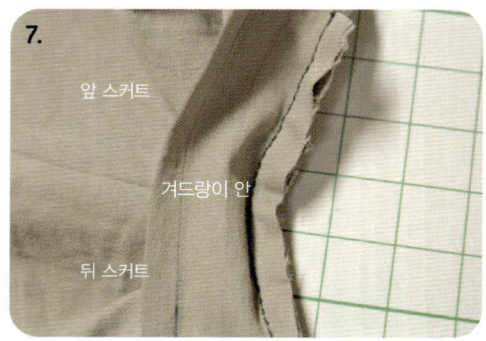

바이어스 처리된 겨드랑이 부분을 겉끼리 마주 대고 재봉해 붙인다.

8.

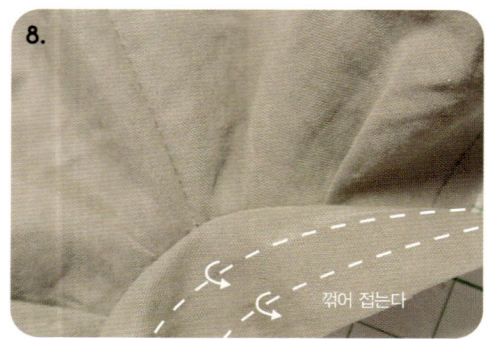

바이어스를 3등분해서 2번 접고, 끝단에서 한 번 더 접어올려 겨드랑이 부분을 재봉해 시접을 감싸준다.

9.

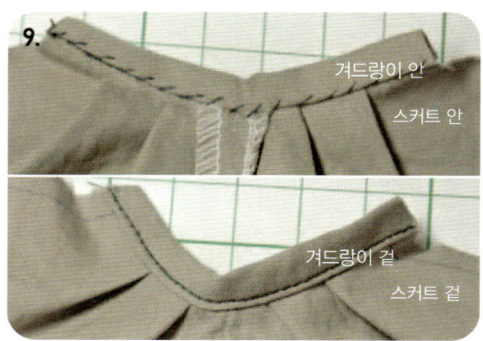

안쪽을 시침질한 후, 겉에서 스티치로 눌러준다.

10.

스커트 아랫단의 시접 부분을 2등분해서 한 번 접고, 끝단에서 한 번 더 접어올려 한 바퀴 빙 둘러 단을 재봉한다.

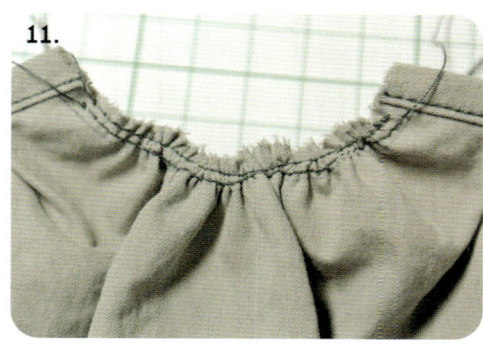

11.

몸판의 폭에 맞추어, 스커트 윗부분(앞뒤판 모두)에 주름을 잡아준다.

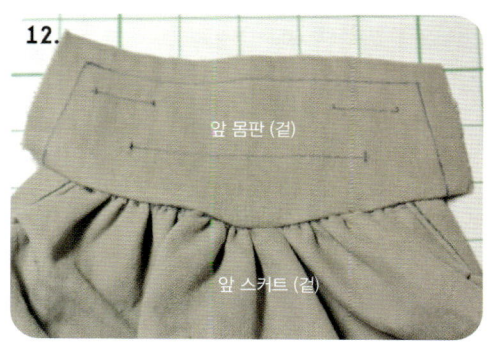

12.

앞쪽 몸판과 스커트를 겉끼리 맞대 재봉한다-.

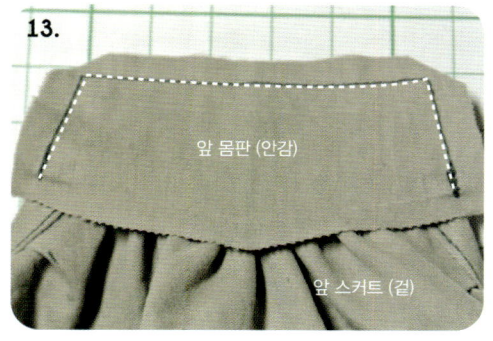

13.

앞 몸판과 안감을 겉끼리 맞대고, 사진과 같은 모양으로 재봉하여 합친다. 시접의 끝을 잘라낸다.

14.

몸판을 겉쪽으로 뒤집어 안쪽을 공그르기한다.

15.

몸판의 겉쪽 가장자리에 스티치를 넣는다.

16.

미리 스티치를 넣은 장식용 주머니를 몸판에 재봉해 붙인다.

17.

어깨끈을 겉감끼리 맞대 사진 위치까지 곡선으로 재봉한다. 재봉선에서 살짝 떨어진 위치에 가윗집을 준다.

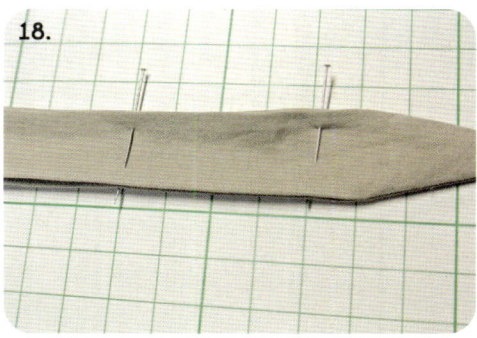

18.

겉으로 뒤집고, 시접을 인두 등으로 눌러 정리한다. 겉과 안이 어긋나지 않도록 시침핀으로 고정한다.

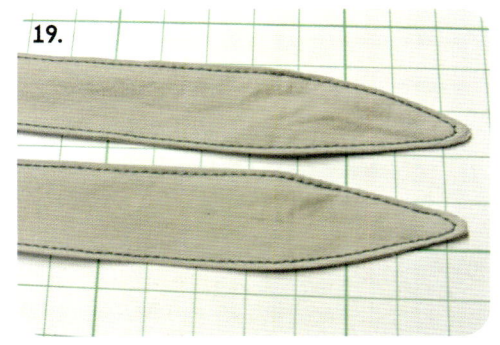

19.

스티치를 넣어서 합쳐주고, 이렇게 2개를 완성한다.

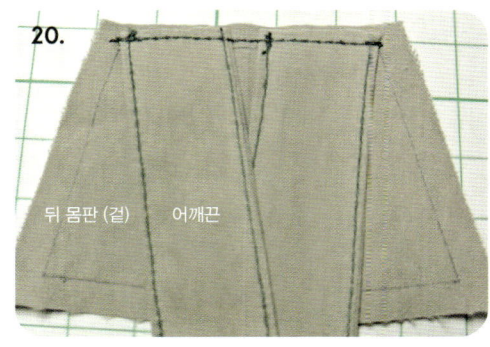

20.

뒤 몸판(겉)의 시접 쪽에 어깨끈을 재봉해 붙인다.

21.

뒤 몸판과 뒤 스커트를 12~14의 방법으로 재봉한다. 안감을 붙여서 겉으로 뒤집은 후 안쪽을 공그르기로 마감한다.

22.

뒤 몸판의 겉쪽 둘레에 2줄로 스티치를 넣는다.

23.

앞 몸판에 어깨끈용 단춧구멍을 만든다. 구멍을 만든 후 올 풀림 방지액을 발라준다.

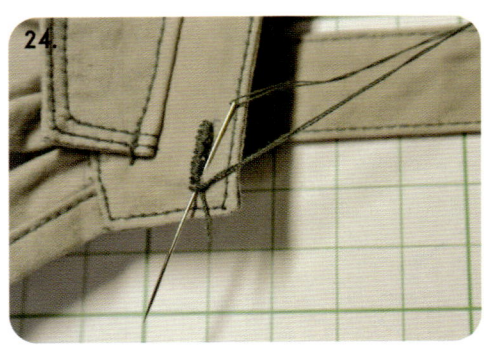

24.

구멍의 주변을 손바느질한다(버튼홀 스티치).

25.

장식용 주머니와 스커트 주머니에 리벳 단추를 단다.

26.

양쪽 겨드랑이 부분에 스냅 단추를 단다. 사진처럼 수놈 단추를 달아주면 겉으로 빠져나오지 않는다. 겉에 장식용 단추도 달아준다.

27.

단춧구멍에 어깨끈을 통과시키고 취향에 맞춰 묶는다.

: 튜브탑 드레스
견본: 치비 유노아(큰 가슴) by SILVER BUTTERFLY

재료(가로×세로)

35cm **치비(큰 가슴)**
- 니트(몸판용)…20cm×20cm
- 얇은 면 평직(스커트용)…20cm×45cm
- 면 레이스(여러 가지)…총 100cm
- 장식용 비즈, 진주 구슬 등…적당히

1.

스커트 아랫단을 오버로크 등으로 정리하고, 그 위에 레이스를 얹어 재봉한다. (※여기서는 여러 종류의 레이스를 사용한다.)

2.

스커트 안

1단과 2단의 스커트를 각각 단에 맞춰 빙 둘러 레이스를 재봉하고 시접을 가름솔한다.

3.

1단

2단

스커트 1단과 2단을 겹쳐서 재봉해 합친다.

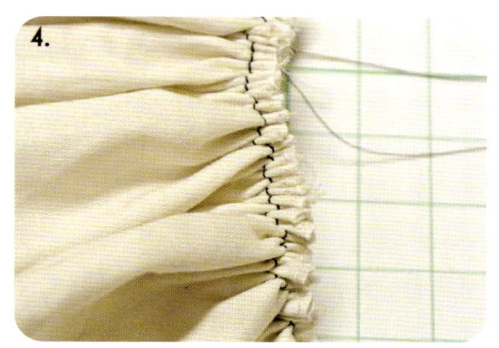

4.

몸판의 너비에 맞춰 스커트의 시접에 주름을 잡아둔다.

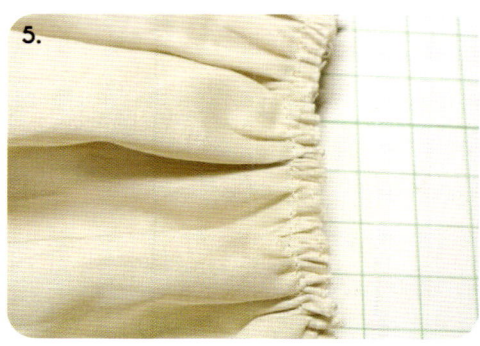

5.

재봉 위치에 직선으로 재봉하고, 주름 잡았던 실을 뽑는다.

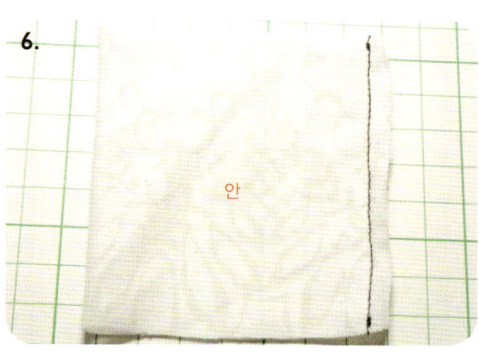

6.

안

가슴용 니트 원단을 원통이 되도록 직선으로 재봉한다. (※니트용 실을 사용하면 좋다.)

7.

재봉해서 시접을 가름솔한다.

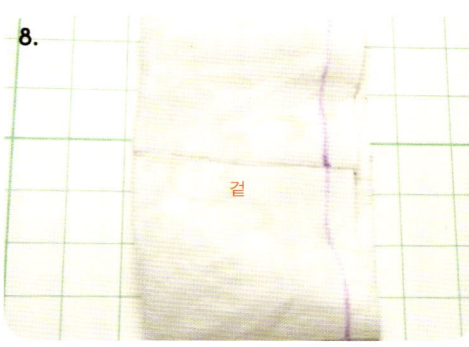

8.

겉

겉이 나오게 반으로 접는다.

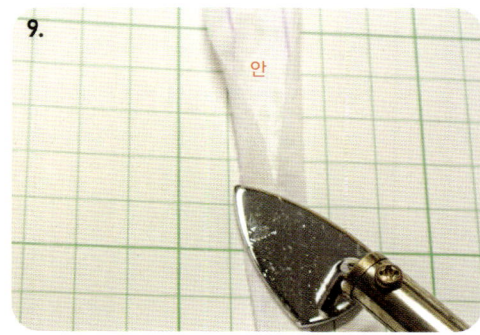

9.

안

리본이 될 부분을 인두 등으로 눌러 다림질하면서 양쪽 시접을 안으로 접어준다.

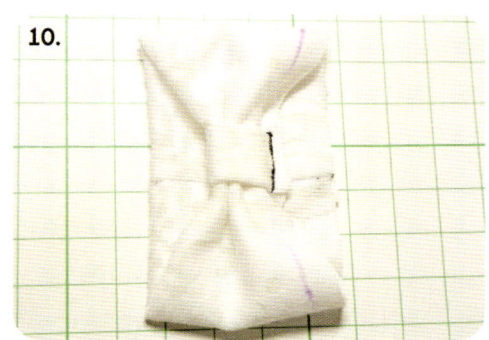

10.

가슴 부분 앞쪽에 리본 부분을 끼워서 재봉하고 모양을 잡는다.

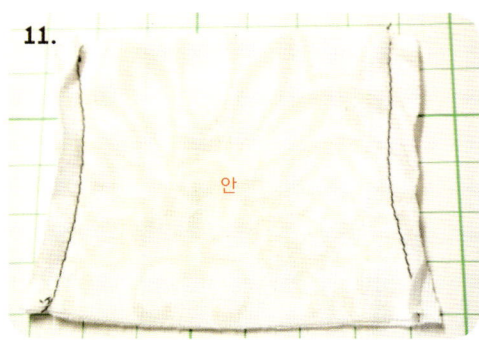

11.

안

몸판 양쪽(허리 부분)을 겉끼리 마주 대고 재봉한다. 한쪽으로 시접을 넘긴 후 겉에서 가장자리에 스티치를 넣는다.

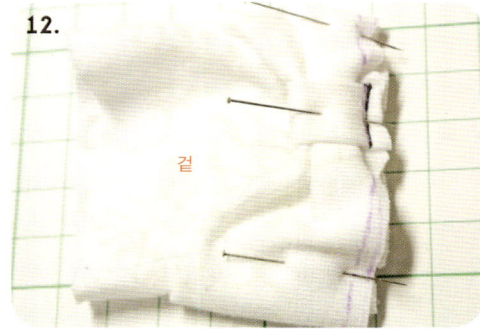

12.

겉

가슴과 몸판을 겉끼리 마주 대고, 어긋나지 않도록 시침핀으로 꽂는다.

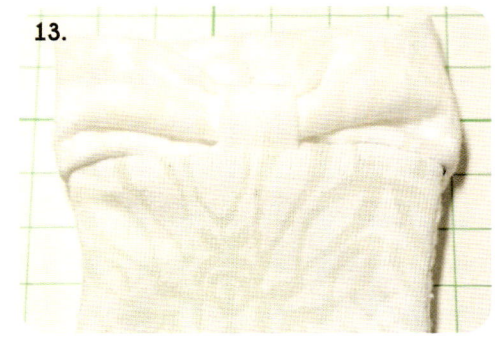

13.

한 바퀴 빙 둘러서 재봉한 후에 겉으로 뒤집는다.

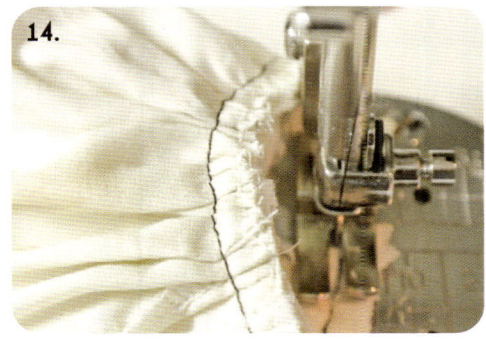

14.

몸판과 스커트를 겉끼리 맞대, 어긋나지 않게 시침핀을 꽂아준다. 한 바퀴 둘러 스커트를 재봉해 붙인다.

15.

겉으로 뒤집고, 좋아하는 비즈나 진주 구슬로 장식한다. (※완성 후 취향에 따라 워싱 처리하면 분위기가 달라진다.)

：자수 원피스
견본: 후로우라이트 by HANON

재료(가로×세로)

 후로우라이트

- 얇은 면 평직…50cm×30cm
- 레이스 A(스커트 아랫단 장식용) 1.7cm 너비…42cm
- 레이스 B, C(소매용) 1cm 너비…각 16cm
- 레이스 D(커프스용) 0.6cm 너비…8cm
- 레이스 E(몸판용) 0.5cm 너비…12cm
- 스냅 버튼…6개
- 자수실…적당히
- 비즈…13개

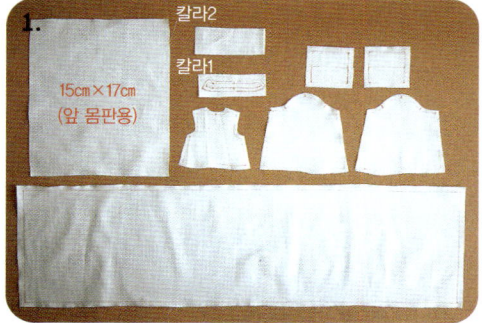

1. 원단을 재단하고, 올 풀림 방지액을 바른다. 앞 몸판은 핀턱 주름을 잡은 후 재단하므로, 15cm×17cm 원단을 사용한다. 칼라 1장은 사진처럼 가장자리를 여유 있게 재단하고, 같은 크기의 원단도 준비한다.

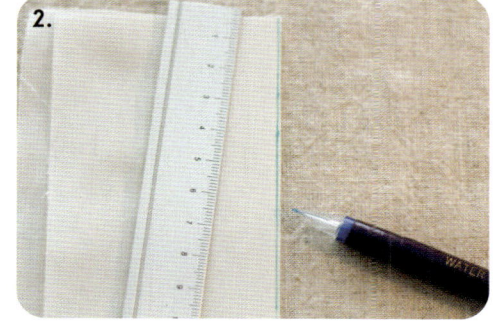

2. 앞판용 원단의 중간쯤을 귀를 맞춰 다림질해서 접고, 접힌 곳에서 1mm 떨어진 곳에 초크펜으로 선을 긋는다.

3. 선을 따라서 재봉틀로 직선 재봉한다.

4. 원단을 펼쳐서 접힌 곳을 다림질한다.

5. 첫 번째 접힌 곳에서 2mm 떨어진 곳을 다림질로 접어준다. 접힌 곳에서 1mm 떨어진 곳에 선을 긋고 똑같이 재봉한다.

6. 핀턱 주름을 뉘여 다리미로 눌러준다. 다시 접힌 곳에서 2mm 떨어진 곳을 접어 1mm 위치에 선을 긋고 재봉해, 3개의 핀턱 주름을 완성한다.

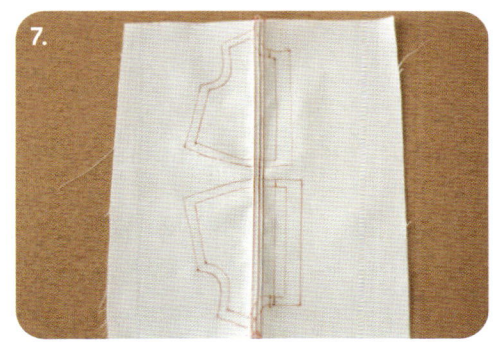

7. 핀턱 주름의 방향에 주의하면서 앞 몸판의 파턴을 복사해 재단한다. 재단 후에는 가장자리마다 올 풀림 방지액을 바른다.

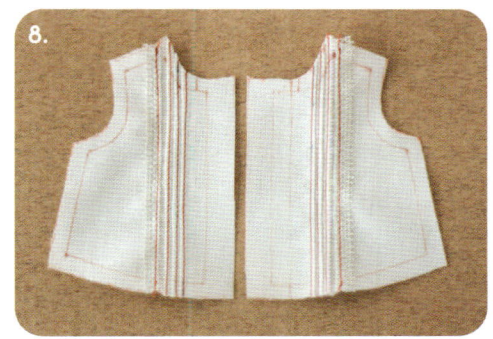

8. 0.5cm 너비의 레이스 E를 핀턱 주름 옆에 재봉해 붙인다.

9.

앞뒤 몸판을 겉끼리 마주 대고 어깨선을 재봉한다. 다림질로 시접을 가름솔한다.

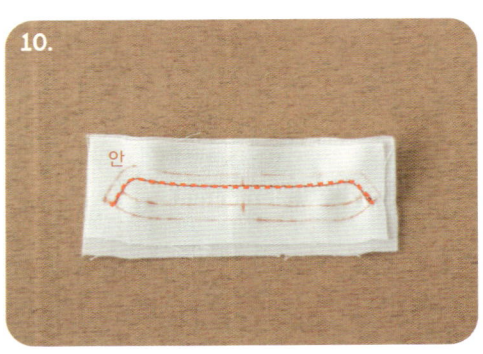

10.

칼라의 패턴을 베낀 원단 뒤에 그와 같은 크기의 원단을 겹치고, 위에서 재봉선을 따라 직선으로 재봉한다.

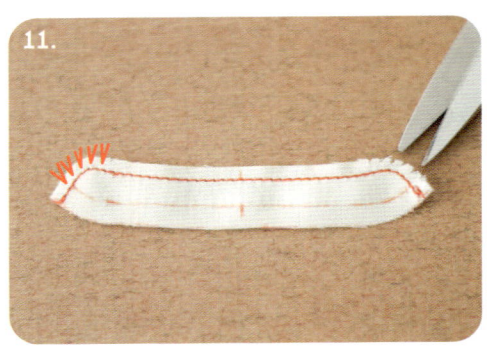

11.

칼라를 재단하고 곡선 부분에 세심하게 가윗집을 준다.

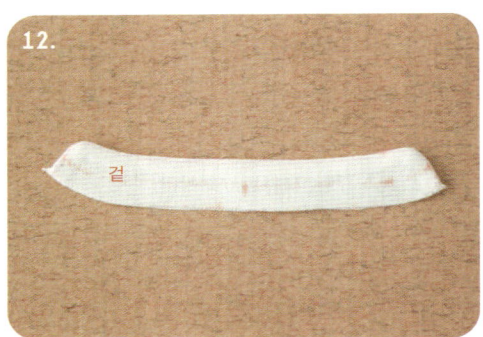

12.

칼라를 겉으로 뒤집은 후, 다림질로 정리하고 가장자리를 누르면서 스티치를 넣는다.

13.

몸판 네크라인 주변 시접에 가윗집을 준다. 시접 겉쪽 재봉 위치선에 직물용 본드를 발라 칼라를 임시 고정한다.

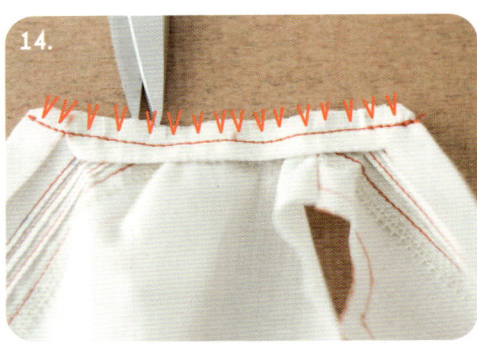

14.

몸판의 앞중심 안단을 겉끼리 마주 보게 접고, 칼라를 재봉해서 달아준다. 시접에 촘촘히 가윗집을 준다.

15.

칼라의 시접을 다림질하여 안쪽으로 접고, 앞중심~칼라 둘레~앞중심에 이르는 선을 눌러서 재봉한다.

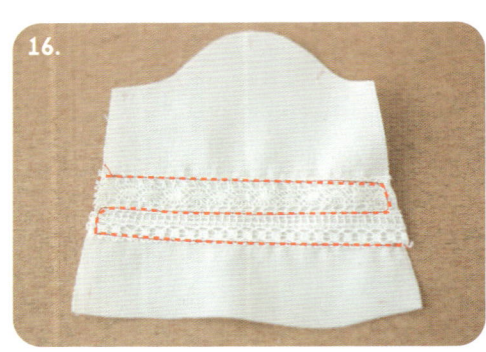

16.

직물용 본드로 소매에 레이스 B, C의 자리를 잡아준 후, 재봉한다.

17.

소매의 시접에 1줄로 스티치를 넣는다. (양쪽 끝에 실을 15cm 정도씩 남겨둔다.) 재봉 실땀의 간격은 2mm 정도.

18.

커프스 너비에 맞춰 소맷부리의 주름을 잡는다. 의류용 본드로 커프스에 레이스 D를 임시 고정한다.

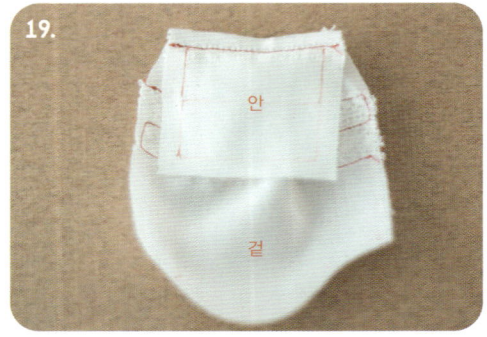

19.

커프스의 겉(레이스를 붙인 쪽)과 소매의 겉을 마주 대고 재봉한다.

20.

다림질로 시접을 나누고, 커프스에 붙인 레이스를 소매 쪽으로 꺾는다.

21.

커프스를 반으로 접고, 시접도 안쪽으로 접어 다림질한다. 겉에서 스티치를 넣어 눌러준다.

22.

소매산의 주름 시작에서 끝까지, 완성선 위쪽(시접 쪽)에 1줄로 시침질을 하고 소매의 암홀에 맞춰 오그린다.

23.

몸판과 소매를 겉끼리 마주 대고 재봉한다. (※소매산과 몸판 쪽 암홀의 시접 끝을 조금씩 모아가면서 눌러 재봉하면 좋다.)

24.

양쪽 소매와 몸판을 재봉해서 합친다.

25.

앞뒤판을 겉끼리 마주 대고 옆선과 소매 끝까지 재봉한다. 암홀 부분 시접에 조심스럽게 가윗집을 넣고 겉으로 뒤집은 후, 시접을 다림질로 가름솔한다.

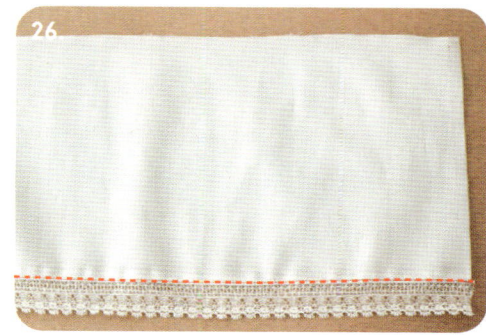

26

스커트 아랫단의 재봉선을 다림질하여 안쪽으로 접는다. 아랫단용 레이스 A를 직물용 본드로 임시 고정한 후, 재봉한다.

27.

안

허리의 재봉선에 주름용 스티치를 2줄 넣는다. 재봉 땀의 간격은 2.5mm 정도.

28.

몸판 허리의 폭에 맞춰 실을 잡아당겨 주름을 잡는다. 실을 묶어주고 다리미로 가볍게 눌러준다.

29.

몸판

스커트

몸판과 스커트를 겉끼리 마주 대고 겹친 후, 촘촘하게 시침핀을 꽂아 재봉한다.

(※스커트 시접이 몸판보다 밖으로 튀어나와도 OK.)

30.

시접은 몸판 쪽으로 눕히고, 스커트의 앞중심선을 안쪽으로 접고 다림질한다.

31.

스커트 아랫단 레이스~허리선(몸판 쪽)~아랫단 레이스까지 눌러가며 스티치를 넣는다.

32.

겹쳐지는 부분의 접힌 시접에 스냅 단추를 달고, 취향에 맞는 비즈를 달거나 자수로 장식한다(자수실은 한 겹으로 페어칼라 주변, 커프스, 스커트 자락에 프렌치노트 스티치를 해준다).

: 세일러 셔츠

치수: 유노아 아즈라이트 by HANON

재료(가로×세로)

27cm **아즈라이트**
- 크레이프 원단…25cm×25cm
- 면 쉬폰(칼라의 안감용)…10cm×10cm
- 의류용 실크 접착 심지…2cm×2cm

1.

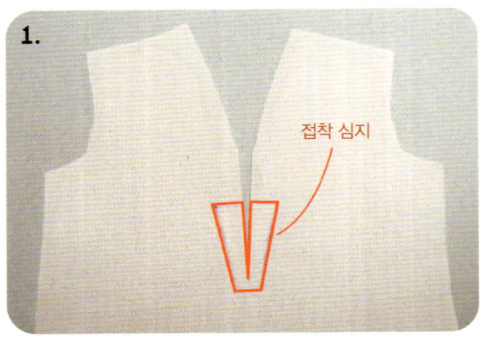

접착 심지

몸판에 접착 심지를 다림질로 붙이고, 중심 부분에 가윗집을 준다.

2.

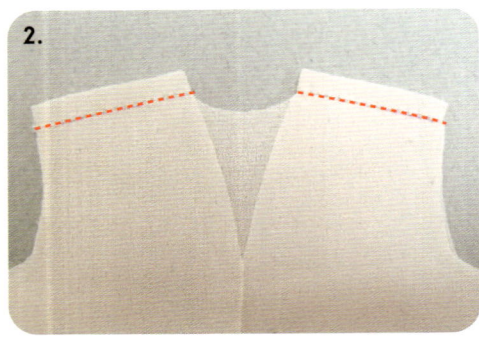

앞 몸판과 뒤 몸판의 어깨선을 겉끼리 마주 대고 재봉하고, 시접을 가름솔한다.

3.

안

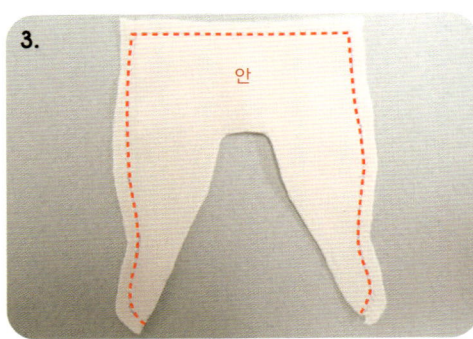

칼라의 겉감과 안감을 겉끼리 마주 대고 재봉한 후, 겉으로 뒤집는다.

4.

칼라와 몸판 네크라인을 완성선에 맞춰 겹치고, 재봉해 합친다.

5.

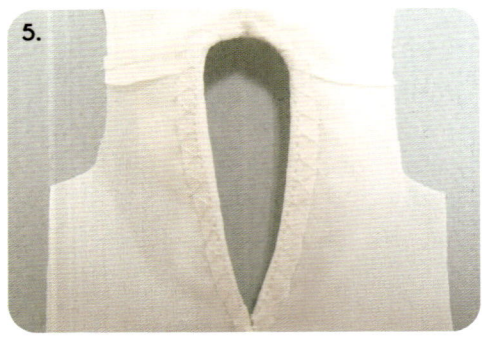

4의 시접을 안쪽으로 넘겨서 접고 감친다. (새발뜨기)

6.

네크라인의 열린 곳 끝에서 2cm 위치까지 감침질로 꿰맨다.

7.

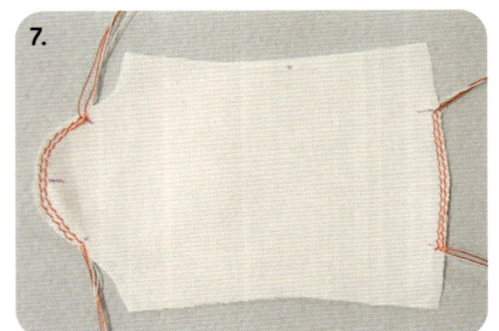

소매산과 소매 입구에 주름용 재봉선을 2줄씩 넣는다.

8.

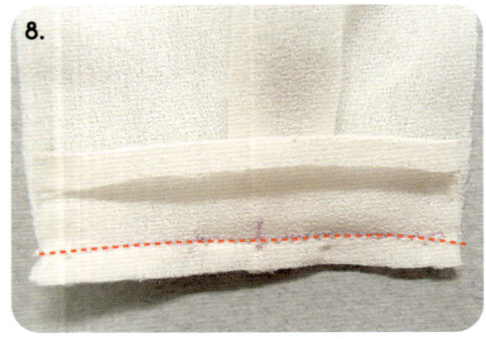

완성선을 접어 다림질해 놓은 커프스를 주름을 잡은 소매 입구와 재봉해 합친다.

9.

8의 시접을 감싸서 안쪽에서 공그르기한다.

10.

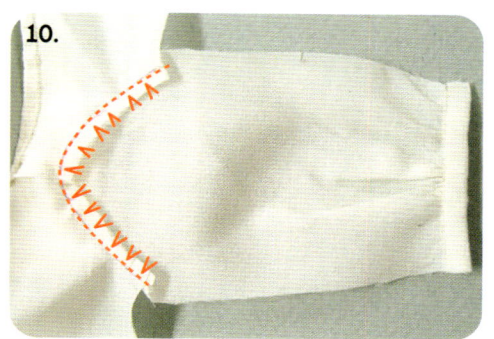

몸판과 소매를 겉끼리 맞대 재봉하고, 시접에 가윗집을 준다.

11.

재봉 끝 위치

소매~옆선을 트임 위치까지 재봉한다.

12.

몸판의 아랫단을 접고, 트임 시작점까지 재봉해서 감친다.
(새발뜨기)

: 반바지

치수: 아즈라이트 by HANON

재료(가로×세로)

(27cm) **아즈라이트**
- 크레이프 원단…20cm×20cm
- 스프링호크(걸고리 수놈)…1개

1.

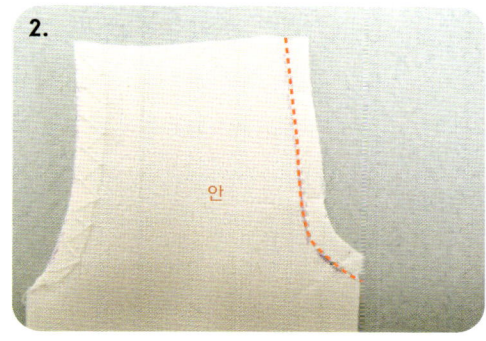

바지 앞판 (안)

바지 앞판의 주머니 입구를 감친다. (새발뜨기)

2.

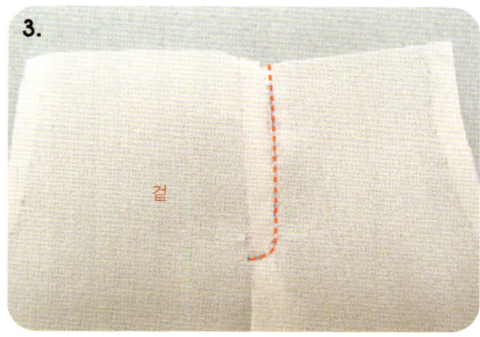

안

바지 앞판의 앞중심(밑위선)을 겉끼리 마주 대고 재봉한다.

3.

겉

밑위선의 시접을 왼쪽으로 넘기고, 앞판에 고정되도록 스티치를 넣는다.

4.

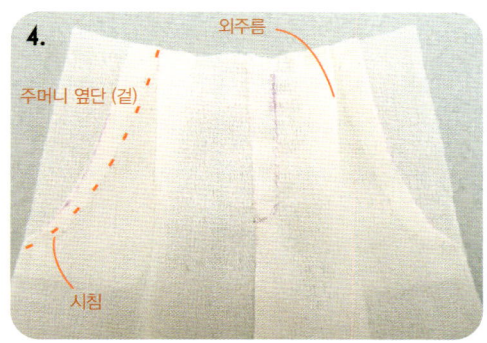

외주름

주머니 옆단 (겉)

시침

앞판의 외주름을 접고, 주머니 옆단을 합쳐 재봉하고 듬성듬성 시침질한다.

5.

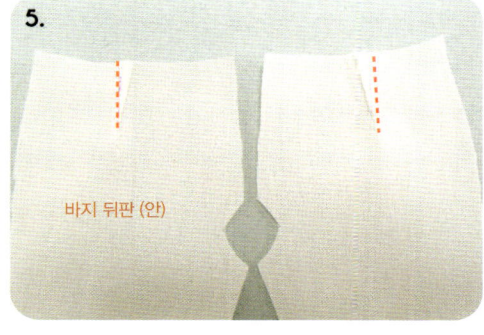

바지 뒤판 (안)

뒤판의 외주름을 재봉한다. 시접은 안쪽으로 넘긴다.

6.

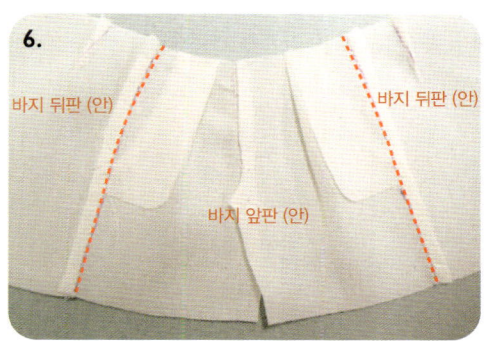

바지 뒤판 (안)

바지 뒤판 (안)

바지 앞판 (안)

앞판과 뒤판을 겉끼리 마주 대고 옆선을 재봉해 합친다.

7.

벨트(안)

바지 (겉)

허리벨트와 바지를 겉끼리 마주 대고 재봉한다. 시접은 3mm 를 남기고 자른다.

8.

허리벨트의 시접을 3등분해 2번 접고, 끝단에서 한 번 더 접 어올려 감싸주고(걸고리를 달아줄 트임 쪽도 접어 넣는다) 눌 러가며 시침질한다. 다음에 겉에서 숨은 상침으로 재봉한다.

9.

바지의 아랫단을 감친다. (새발뜨기)

10.

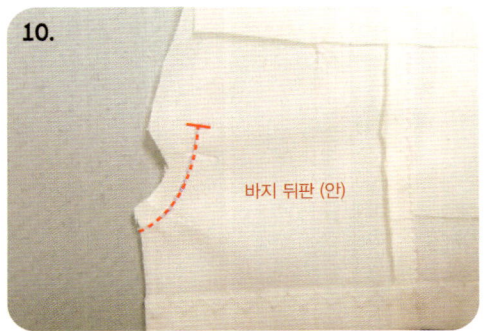

바지 뒤판 (안)

바지 뒤판의 밑위선을 트임 부분까지 재봉한다.

11.

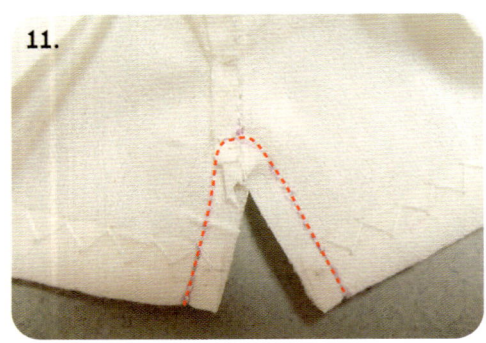

밑 아래선을 재봉한다.

12.

뒤판의 트임에 걸고리를 달고 실 고리를 만들어주면 완성.

 **설명** **: 바지**
치수: 아즈라이트

상세 그림:
바지의 구조를 일러스트로 설명했으니 참고하기 바란다.

: 베레모
치수: 아즈라이트 by Galum

허리 쪽의 시접을 3mm만 남기고 자른다

벌어진 시접을 접어서 재봉해 합친다

벌어진 시접은 그대로 둔다

시접을 접어서 넘기고 스티치를 넣는다

앞판 주머니 옆단 (안)

바지 앞판 (안)

바지 뒤판 (안)

아랫단은 새발뜨기 한다

주머니 원단은 가볍게 고정해둔다

벨트 원단의 시접을 감싸듯이 안쪽으로 넘겨주고 겉에서 숨은 상침으로 재봉한다. (오토시 미싱)

바지 뒤판 (안)

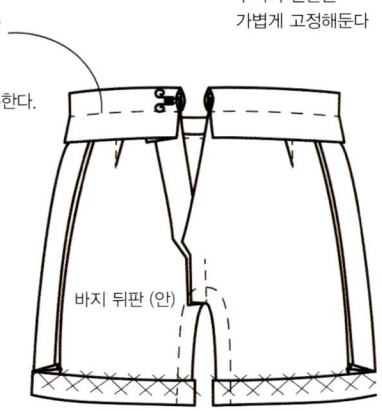

재료(가로×세로)

아즈라이트

• 크레이프 원단…10cm×16cm
• 튤 원단(옆통의 안감)…5cm×15cm

① 옆통의 겉감과 안감(거칠게 자른 튤 원단)을 겉끼리 마주 대고 재봉한다.
② 곡선에 가윗집을 주고 겉으로 뒤집는다. 남는 튤 원단 은 잘라낸다.
③ 옆통의 뒤쪽을 재봉해 붙여주고 시접을 가름솔한다.
④ 베레모 윗부분의 둘레에 주름용 재봉을 한다. 옆통을 재봉해 합치고 겉으로 뒤집는다.

: 양말
치수: 아즈라이트 by Galum

재료(가로×세로)

• 면 니트…10cm×12cm

① 양말 입구의 시접을 접고, 뒷중심을 재봉한다.

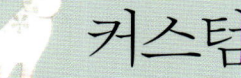

Chapter 2

커스텀

유노아 크루스 제로의
핸드 & 네일 커스텀

제로의 손을 꾸며봐요 by AUC

아라키 겐타로 씨는 유노아 제로의 팬으로부터 네일 아트를 할 수 있는 손목 파츠를 부탁받고,
제로 사이즈의 새로운 손 파츠를 만들어주었습니다. AUC의 정통 네일 아트를 아라키 씨의 제안인
'열탕에 넣어 손가락의 포즈를 바꾸는' 새로운 방법과 함께 소개하겠습니다.

photo & custom & text by AUC

요정 피부 핸드 파츠 'E&F'

2012년에 판매된 요정 피부 '유노아 제로'에 맞춰
요정 피부 손목 파츠 'E&F'를 세팅했으며,
새끼손가락의 링은 신주로 만들었습니다.

요정 피부 핸드 파츠 'C&D'

분리되는 형태인 손목 파츠 'C&D'는 열탕에 넣어
손가락의 포즈를 바꿀 수 있습니다.
왼쪽의 마리온은 검지를 구부려주었습니다.

Lesson 1

손의 포즈 잡기와 피부 채색

〈재료〉

- 중성세제
- 아트 나이프
- 스폰지 사포
- 냄비 또는 내열 접시
- 붓

- 장갑
- UV 차단 스프레이(반드시 프라모델용으로)
- 파스텔(핑크, 오렌지, 빨강)
- 스폰지 브러시(화장용)
- 브러시

1.
파츠 표면의 이형제 제거를 위해, 물+중성세제 속에 담가둔다. (*이형제: 프라모델 용어. 플라스틱 부품이 몰드에서 분리되기 쉽도록 도포된 것으로 이를 제거하지 않으면 채색 작업 시 얼룩이 생긴다—옮긴이)

2.
파팅 라인(겉 표면의 모형 분리선)을 아트나이프로 제거하고, 표면을 사포로 갈아서(거친 것→고운 것) 매끄럽게 다듬는다.

3.
방금 끓인 뜨거운 물에 손목 C, D를 담근다. 냄비(그릇)의 바닥에 닿지 않게 주머니에 넣어서 담가도 좋다.

4.
손목이 충분히 뜨거워지면, 집게로 꺼낸다.

5.
장갑을 끼고 뜨거운 손목을 원하는 형태로 구부린다. 형태가 잡히면 차가운 물에 식혀서 고정한다. 잘못됐으면 다시 물을 데워서 반복한다. ※1

6.
채색 전에 UV 차단용 스프레이를 표면에 골고루 뿌린다.

7.
아트 나이프로 핑크, 오렌지, 빨강 파스텔을 종이 위에서 갈아준다.

8.
파스텔 가루를 스펀지 브러시에 묻혀 부드럽게 쓰다듬듯, 파츠의 그늘지는 부분에 바른다.

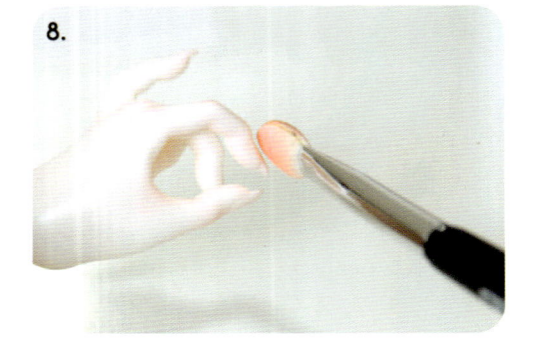

9.
연한 색부터 시작해서 조금씩 색을 더하면 좋다. 채색이 끝나면 UV 차단용 스프레이를 뿌려서 파스텔을 고정한다.

※1: 뜨거운 물에 담그면 손목 파츠는 원형으로 돌아간다. 물의 온도를 3~4도씩 올려가며 테스트해서 문제가 없을 경우 높은 온도에서 작업한다. 충분히 뜨거워지지 않은 상태에서 같은 부분을 계속 무리하게 구부리면 금이 갈 수 있다.

〈재료〉

- 네일 폼
- 가위
- 마스킹테이프
- 아크릴 파우더
- 아크릴 리퀴드
- 붓
- 파일(손톱 다듬기용)

1.

네일 폼, 아크릴 파우더, 아크릴 리퀴드 등 사람이 사용하는 네일아트 용품들을 준비한다.

2.

네일 폼은, 인형 사이즈에 맞춰 가위로 자른다.

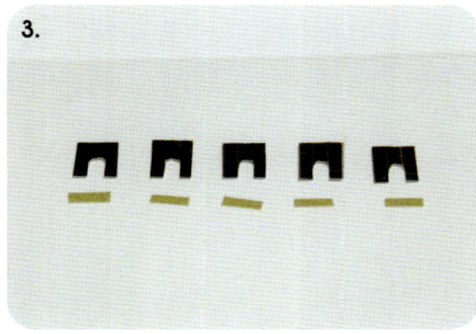

3.

네일 폼의 너비에 맞춰, 손가락에 고정할 때 사용할 마스킹테이프도 준비한다.

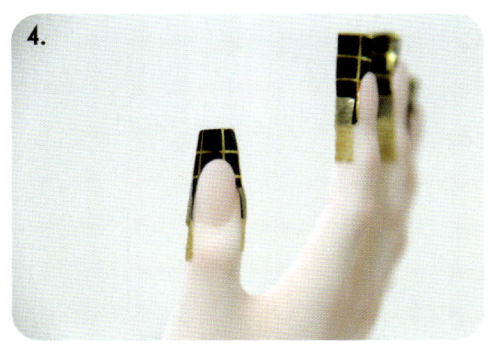

4.

손톱에 맞춰 빈틈없게 네일 폼을 손가락에 접착한다. 잘 접착 되었는지 체크하면서 바깥쪽에 마스킹테이프를 둘러 고정한 다.

5.

붓에 아크릴 리퀴드를 묻힌 후, 그릇 테두리에 붓끝을 눌러 용액의 농도를 조절한다. 붓에 파우더의 표면기 살짝 닿도록 가루를 묻혀, 혼합물(액체와 가루가 섞인 덩어리)을 만든다.

6.

5의 혼합물을 손톱 끝에 발라서 프리엣지(손톱의 연장)를 만 든다. 엣지의 끝과 손톱에서 이어지는 옆선이 직선이 되도록 한다.

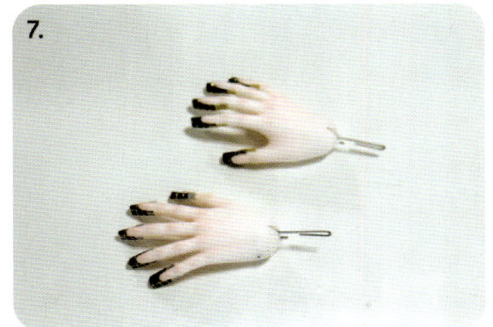

7.

다시 혼합물을 묻혀서, 큐티클 가장자리~손톱과 프리엣지의 경계선에 발라서 자연스럽게 덮어준다. 모든 손톱을 같은 방 법으로 연장한 다음, 건조시킨다. (건조 시간은 상품의 포장지 를 확인한다.)

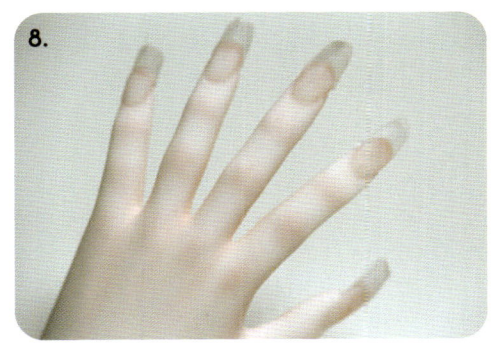

8.

건조 상태를 확인한 후, 네일 폼을 제거한다.

9.

파일(손톱 다듬기용)을 이용해 가장자리를 정리하고, 네일을 균일한 두께로 깎아 모양을 다듬는다.

Lesson 3

젤 네일 바르기

〈재료〉

- 네일용 젤(핑크, 광택, 투명)
- 붓
- UV 램프(또는 LED 램프)
- 라인스톤
- 브리온

1.
네일용 젤, 라인스톤, UV 램프 등, 네일용품들을 준비한다. 젤 매니큐어는 공기에 노출되어도 굳지 않지만, 사용할 만큼만 소량 꺼내어 쓰는 것이 좋다.

2.
핑크 컬러의 젤 네일을 붓에 묻혀서 프렌치 라인을 그린다.

3.
UV 램프 안에 손 파츠를 집어넣고, 젤을 굽는다. 발색이 좋지 않다면 한 번 더 발라서 굽는다.

4.
가는 붓에 광택 젤을 묻힌다. 스마일 라인(프렌치 라인의 경계선)에 광택 라인을 그린 후, UV 램프로 굽는다.

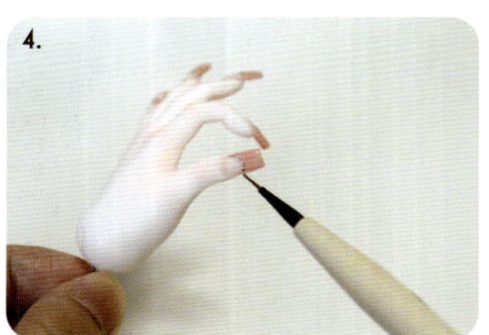

5.
광택 라인보다 조금 위에 투명 젤을 소량 바르고 핀셋으로 라인스톤을 얹는다. 스톤의 양쪽으로 리본 모양의 브리온을 얹고, 모양이 틀어지지 않도록 주의하면서 UV 램프로 굽는다.

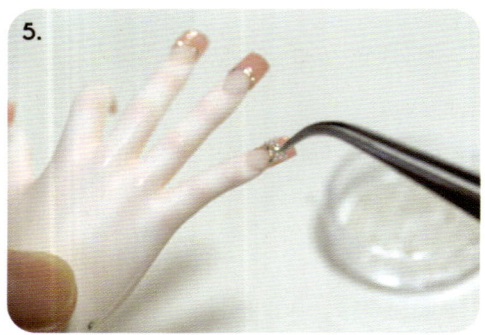

6.
탑코트에 투명 젤을 바르고 UV 램프로 굽는다. (소량의 젤이 튀어나오면 굽기를 끝낸 후 젤 클리너를 면봉에 묻혀서 정리한다.)

- 오건디 원단…40㎝×20㎝
- 니트(겉감)…40㎝×50㎝
- 워싱 원단(칼라, 커프스)…20㎝×20㎝
- 메리야스 원단(안감)…40㎝×50㎝

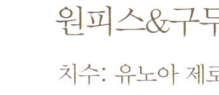

Addition

원피스&구두

치수: 유노아 제로

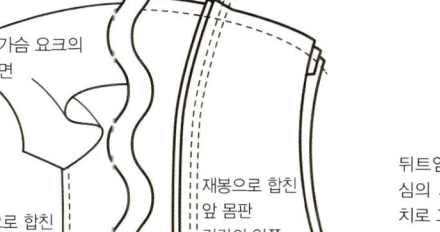

시접을 안쪽으로 접어 스티치로 누른다

닮가슴 요크의 겉면

재봉으로 합친 앞 몸판 안감의 겉면

재봉으로 합친 앞 몸판 겉감의 안쪽

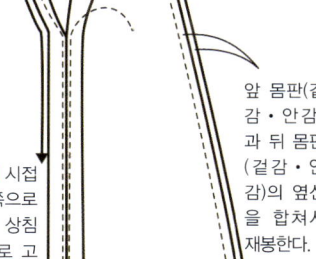

뒤트임의 시접과 뒷중심의 시접을 눌러 스티치로 고정한다

네크라인의 시접을 칼라로 싸서 스티치를 넣는다

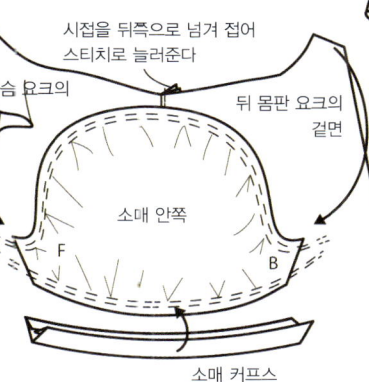

시접을 뒤쪽으로 넘겨 접어 스티치로 늘려준다

앞가슴 요크의 겉면

뒤 몸판 요크의 겉면

소매 안쪽

F   B

소매 커프스

옆선의 시접은 앞쪽으로 넘기고 상침 재봉으로 고정한다

앞 몸판(겉감·안감)과 뒤 몸판(겉감·안감)의 옆선을 합쳐서 재봉한다

① 앞중심 몸판, 옆 몸판을 겉감끼리 마주 대고 재봉한다. 시접은 중심 쪽으로 넘기고, 겉에서 스티치를 넣어 고정한다. 안감도 동일하게 작업한다.
② ①의 앞 몸판 겉감과 안감 사이에 앞가슴 요크를 끼워서 재봉하고(겉끼리 마주 대고), 겉으로 뒤집어 스티치를 넣는다.
③ 뒤쪽 옆 몸판의 겉감과 안감 사이에 뒤쪽 요크 부분을 끼워서 재봉하고(겉끼리 마주 대고), 겉으로 뒤집어 스티치를 넣는다.
④ 앞 몸판, 뒤 몸판의 어깨선을 겉끼리 마주 대고 재봉한다. 시접은 등의 중심 쪽으로 접고 스티치를 넣는다.
⑤ 옷깃, 소매 커프스의 시접과 접는 선을 다림질로 꺾어준다.
⑥ 소매 입구에 주름을 잡은 후, 시접을 소매 커프스로 감싸서 스티치를 넣는다.
⑦ 소매산에 주름을 잡고 몸판은 암홀에 맞춰서 재봉해 붙인다.
⑧ 네크라인의 시접을 칼라로 감싸고 스티치를 넣는다.
⑨ 소매~몸판 옆선을 겉끼리 마주 대서 재봉한다. 몸판 옆선의 시접은 앞으로 넘겨 접고 겉에서 스티치를 넣는다.
⑩ 아랫단의 완성선을 접어 재봉한다.
⑪ 뒤 몸판을 트임 위치까지 재봉한다.
⑫ 뒤 트임의 시접은 꺾어 접고, 뒤 트임 위치까지 시접을 가름솔하고, 그 길이만큼 스티치를 넣는다. 뒤 트임에 스냅 단추를 달아준다.

커스텀 레슨

유노아 크루스 후로라이트의
헤어, 얼굴, 바디 커스텀

by carmen(petit paradis.)

유노아 시리즈의 유일한 완성품 인형으로 판매되고 있는 27㎝ 돌입니다. 헤어 스타일과 컬러,
메이크업을 변형해서 더 아름답게 꾸며보고 싶지 않나요? Petit paradis.의 carmen 씨의 안내에 따라,
PVC제 헤드의 재再식모 변형 방법과 초심자들도 도전하기 쉬운 쁘띠 메이크오버 방법들을 만나보세요.

photo & custom & text by carmen, dress 'YOZORA' by 빨간 카메라

Lesson 1

사란 헤어
식모하기

〈재료〉

- 식모용 헤어
- 가위
- 마이크로 롱노즈 플라이어(라디오 펜치)
- 리퀴텍스 리무버
- 커브 바늘, 수예용 긴 바늘
- V칼라 신너(소프트비닐 전용 도료용제)
- 면봉
- 마스킹테이프
- 헤어 고무줄

1.

재료를 준비한다. 여기서는 노아드롬의 제품 사란 헤어 3종 (36 연한 적갈색, 14 갈색, 31 적갈색)을 혼합해서 식모한다.

2.

식모용 헤어를 4등분하여 자른 후, 끝을 헤어 고무줄로 묶고 물에 흠뻑 적신다.

3.

디폴트 헤어를 제거한다. 바디에서 머리를 분리하고, 헤어를 가위로 짧게 자른다.

4.

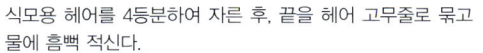

머리 구멍에 롱노즈 플라이어(세밀한 것)를 끼워넣어 머리카락의 사슬 고리(헤드 안쪽에 디폴트 헤어가 사슬 모양으로 심어져 있다)를 잡고 뽑아낸다.

5.

디폴트 헤어를 다 뽑은 상태. 두피 컬러가 헤어보다 짙다면, 리퀴텍스 리무버를 적신 면봉으로 색조를 옅게 만든다.

6.

커브 바늘에 헤어 36번을 4~5가닥 정도 꿰워서 두 줄로 접어준다. 이어서 뒷덜미 부분의 모공에서 안으로 끼운다.

7.

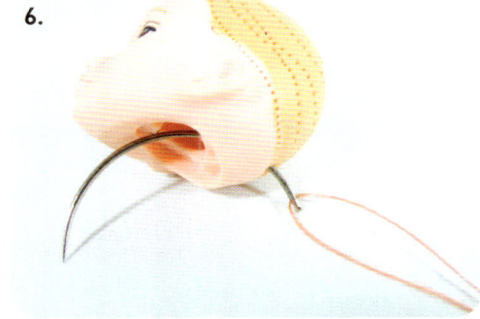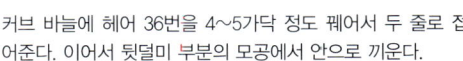

바늘을 통과시킨 후, 바늘귀 근처에서 매듭을 짓고, 바늘과 매듭 사이를 가위로 자른다.

8.

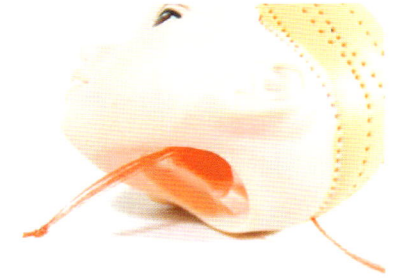

뒷덜미 쪽에서 매듭이 모공에 걸려서 멈출 때까지 잡아당긴다. 위 작업을 반복해서 모공에 헤어를 심는다ㄷ.

9.

균형을 맞춰 후두부의 모공에 식모한다. 목덜미 부근은 커브 바늘을. 정수리 부분은 직선의 수예용 긴 바늘(귀가 너무 크지 않은 것)을 쓰면 편리하다.

10.

고양이 귀처럼 반올림 머리를 할 예정이므로, 식모를 4개 블록으로 나눈다. 우선 후두부(1) 블록의 경계선에 31번을 세심하게 심는다.

11.

10의 식모 부분과 1mm 정도 간격을 주고 좌우 고양이 귀 블록(2,3)에 31번을 촘촘하게 심는다.

12.

11의 라인을 고양이 귀 오른쪽(2)과 왼쪽(3)으로 나누어 고무줄로 정리한다. 틈새에는 14번을 심는다.

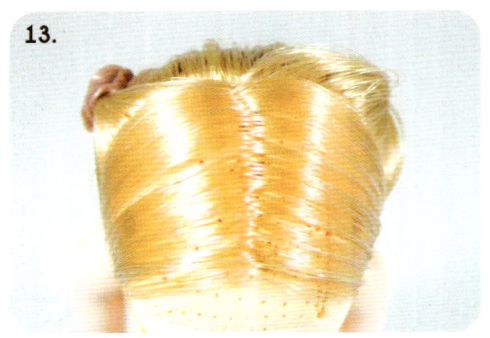

13.

정수리 부분에 가르마를 준다. 하나의 모공에 심을 머리를 2줄로 나눠 촘촘히 심는다. 심은 머리를 교차시켜(왼쪽에 심은 머리를 오른쪽으로, 오른쪽에 심은 머리를 왼쪽으로 넘겨) 늘어뜨리고 마스킹테이프로 고정하면 가르마가 만들어진다.

14.

정수리 부분의 가르마를 고무줄로 묶는다. 앞머리 블록(4)을 남기고, 고양이 귀 블록(2,3)의 가장자리에 31번을 촘촘하게 심는다. 1mm 간격으로 매우 촘촘하게 심는 것이 포인트.

15.

면봉에 V칼라 신너를 묻혀 모공을 문지른다. 이마의 채색 부위를 지워 구멍이 눈에 띄지 않도록 한다. (※표면이 녹지 않도록 주의.)

16.

14의 앞머리 블록(4)도, 경계에 만든 2열 사이에 31번을 촘촘하게 심어준다. 앞머리는 바로 아래로 늘어뜨려 마스킹테이프로 고정한다.

17.

귀밑머리에 가이드를 당겨 촘촘하게 심어간다. 귀밑머리 아랫부분은 헤어 14번이나 36번을 랜덤으로 섞는다.

18.

고양이 귀 블록(2,3)을 고무줄로 묶으면 식모 완성.

〈재료〉

- 가위
- 빗
- 헤어 고무줄(느슨한 것)
- 쿠킹 호일
- 가는 대나무 꼬치 또는 이쑤시개 등

- 키친 타올
- 냄비
- 도기 혹은 자기
- 머리카락을 고정할 수예용 실
- 수예용 바늘

1. 블록 1(후두부)의 머리를 3가닥으로 땋아서, 5㎝ 정도 남기고 고무줄로 묶는다.

2. 헤어의 끝을 잘라서 정리한 후, 4분의 1 정도의 분량을 쿠킹 호일로 감싼다.

3. 쿠킹 호일로 감싼 머리를 대나무 꼬치에 감아 컬을 만들고 꼬치를 뺀다.

4. 나머지 헤어도 4분의 1씩 감는다. 감는 방향은 자유롭게, 단 바깥쪽으로만 감으면 된다.

5. 앞머리와 사이드의 히메컷(귀 옆머리를 중간에서 잘라 짧게 층을 냄-옮긴이) 부분은 조금 길게 자른다. 이어서 2등분하여 쿠킹 호일로 감싼 후, 꼬치에 감아 컬을 만든다.

6. 키친 타올로 헤어가 펼쳐지지 않도록 감싸고 느슨한 고무줄로 고정한다. 물이 끓는 냄비 안에 도자기 그릇을 넣고(냄비의 금속 부분에 닿지 않게), 그 안에 머리를 넣어 8분 정도 끓인다.

7. 젓가락으로 냄비에서 머리를 꺼낸 후, 고무줄과 쿠킹 호일을 제거하고 건조시킨다. 머리카락이 칭칭 감겼으면 열탕에 다시 담가 따뜻하게 만들어 빗으로 빗어준다.

8. 고양이 귀 부분(2,3)을 앞뒤로 나누어 뒤쪽 두피가 보이지 않게 비틀어서 말고, 실로 고정한다.

9. 앞머리 옆쪽은 8에서 만든 고양이 귀 부분을 덮듯이 말아준다. 볼륨이 살도록 길이를 7㎝ 정도 줄라주고, 머리카락 끝이 보이지 않게 안쪽으로 집어넣고 실로 묶으면 완성.

Lesson 3

메이크오버

〈재료〉

- 면봉
- 리퀴텍스 리무버
- 아크릴 물감
- 메이크업용 세필
- 파스텔
- 마스킹테이프
- 코튼 볼
- 매트(무광택) 스프레이

1.

파스텔 또는 아크릴 용품을 준비한다. 면봉은 공예용의 뾰족한 것을 추천한다. 코튼은 그대로 사용해도 되고, 소량을 면봉에 감아 사용해도 되므로 편리하다.

2.

리퀴텍스 리무버를 면봉에 적신 후, 눈썹을 문질러 지운다. 눈썹 머리는 남겨두는 것이 포인트.

3.

아크릴물감으로 연한 갈색을 만든 후, 균형을 맞춰서 세필로 눈썹의 베이스를 그린다. 한 톤 어두운 색과 밝은 색(화이트를 섞은 것)의 2가지 컬러로 눈썹의 곡선을 그린다.

4.

검은 색으로 아이라인을 굵고 길게 연장해 그린다. 리무버 면봉으로 눈머리의 라인을 살짝 가늘게 만들고, 눈머리에 핑크색으로 점막을 그린다.

5.

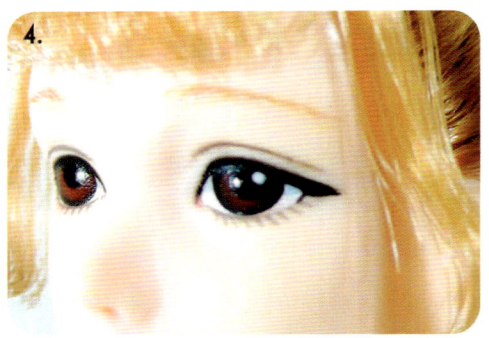

리무버 면봉으로 쌍꺼풀 라인을 지우고, 브라운으로 다시 그려준다. 계속해서 속눈썹과 립라인도 지운 후 다시 그린다. 한번에 완성하려고 하면 균형을 맞추기 어려우므로 부분부분 따로 작업하는 것이 포인트.

6.

가는 면봉으로 빨강~핑크 계열의 파스텔을 섞는다. 여분의 가루를 털어낸 후 입술에 올린다.

7.

앞서 바른 색깔보다 한 톤 진한 색을 입술의 중심 부분에 덧칠한다. 하얀 아크릴 물감으로 앞니를 다시 칠해준다.

8.

눈에 테이프를 붙인 후, 코튼 볼에 핑크 계열 파스텔을 묻혀 볼과 눈 주변에 얹는다. 테이프를 떼고 볼의 균형을 확인한다.

9.

다크 브라운 계열의 아크릴 물감으로 왼쪽 눈 근처에 점을 그린다. 메이크업이 끝나면 매트 스프레이를 뿌린다.

Lesson 4
바디와 네일 채색하기

〈재료〉

- 종이 사포
- 스폰지 사포
- 매트 스프레이
- 마스킹테이프
- 파스텔
- 코튼 볼

- 면봉
- 메이크업용 세필
- 매니큐어
- 탑코트
- 네일 리무버

1.

파스텔, 종이 사포, 네일 용품(취향에 맞는 색으로) 등을 준비한다.

2.

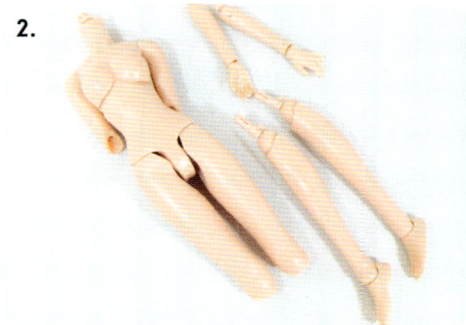

바디에서 아래팔, 손목, 무릎 아래, 발목 부분을 분리하고 채색할 준비를 한다.

3.

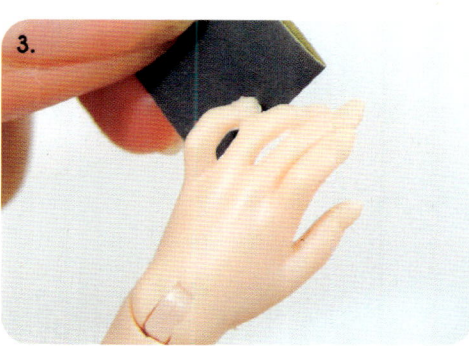

손목 부분의 파팅 라인을 종이 사포로 간다.

4.

스폰지 사포로 바디 전체의 표면을 매끄럽게 하고, 전체에 매트 스프레이를 뿌린다.

5.

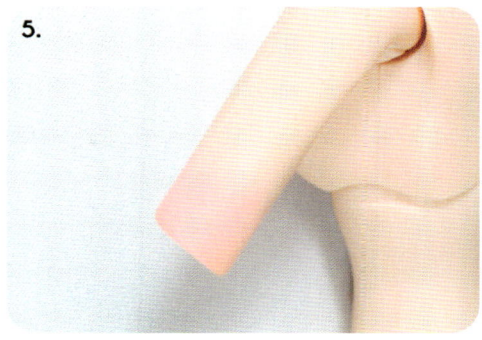

코튼 볼과 면봉에 핑크 계열의 파스텔을 묻혀서 팔꿈치, 무릎, 쇄골 라인, 등, 엉덩이 등 원하는 부위에 샷을 입힌다.

6.

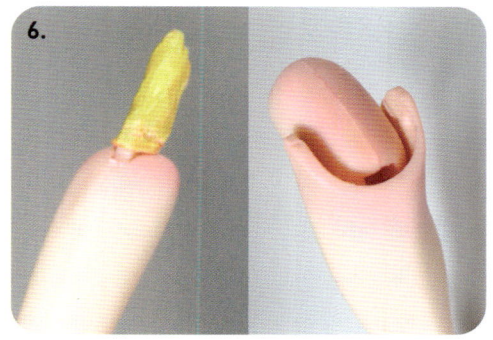

무릎 등 관절 구동 부위는 파스텔의 채색이 떨어지기 쉽다. 착색을 원치 않는 부분은 마스킹테이프를 붙여 두면 좋다.

7.

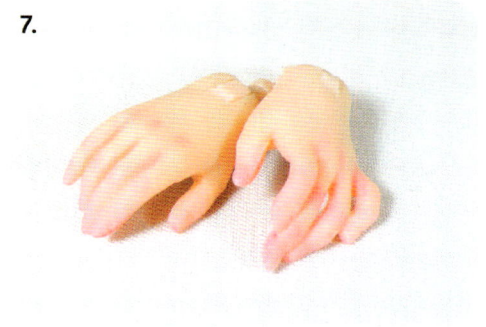

손과 발 부분은 가는 면봉을 사용해, 관절 부위까지 신경 쓰며 섬세하게 채색한다.

8.

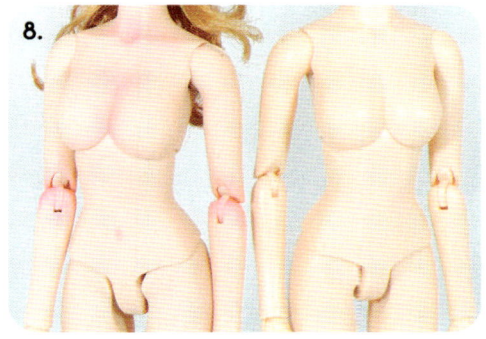

채색한 모든 부분에 매트 스프레이를 뿌려서 파스텔을 고정시킨다.

9.

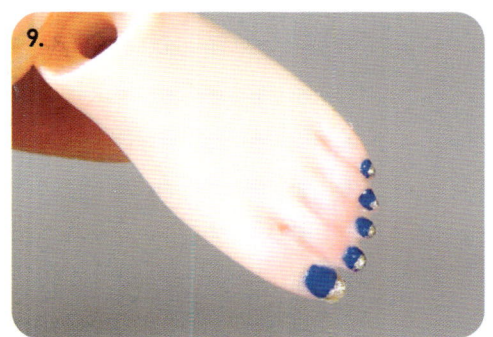

손톱과 발톱에 매니큐어를 바른다.메이크업용 세필로 몰드에 채색하고 마지막에 탑 코트를 바르면 완성.

유노아 크루스 라이트의 모든 것

2007년 주식회사 세키구치가 발매한 '유노아 크루스 라이트(통칭 유노라)'는 구체관절 인형인 유노아 시리즈와는 완전히 다른 인형입니다.
바디의 소재는 레진 캐스트가 아닌 ABS이고, 머리는 부드러운 PVC제로 머리카락은 모발 이식 형태입니다.
각 관절은 고무줄이 아닌 조인트로 연결되어 있습니다. 같은 모양이지만 규칙도 제작 방법도 완전히 다릅니다.
그 모든 기술과 지식을 가진 '인형 작가'이자 '완구 원형사'인 아라키 겐타로 씨에게 '유노라'의 탄생에 대해 들어봅니다.

photo & illust: Gentaro Araki

유노라 개발 비화

2004년 아라키 겐타로 씨가 제작한 25cm의 레진 캐스트 인형이 유노라의 시작입니다. 레진이면서 프라모델 같은 스냅핏 구조인 '레진 버전 유노라'는 당시로서는 상당히 참신한 기동 피규어로 화제가 되었습니다. 그러나 레진 키트에 익숙하지 않은 여성에게는 부품의 세밀함 등 많은 것들이 높은 장벽이 되었죠. 또한 호환성 있는 가발이나 안구가 적어 선뜻 손 내밀기 어려운 인형이었습니다.

그러나 이 '레진 유노라'는 업계에서 참신성을 인정받아 모 제조업체로부터 캐릭터 인형의 원형을 만들지 않겠냐는 제안을 받기도 했습니다. 아라키 씨는 유노라로 축적된 기술을 바탕으로 타사의 1:6 인형과 가까운 사이즈로 원형을 만들었지만, 여러 사정으로 인해 사장되어버렸습니다.

그때 세키구치에서 연락이 왔습니다. 사실 아라키 씨는 젊은 시절 세키구치에서 일했는데, 당시 상사였던 분이 유노아 소녀가 매우 마음에 들어 비스크돌로 만들어보지 않겠냐고 제안한 것입니다. 당시 세키구치는 비스크 소재의 큐피를 판매 중이어서, 유노아 소녀도 비스크판을 제작한 것입니다. 그러나 레진만큼 얇고 날렵하게 만들기가 어렵고, 인형에 안구를 넣지 못하는 것으로 판명되어 이 기획 역시 묻혀버리고 말았죠.

비스크 유노아의 운명이 위태롭게 될 즈음, 그렇다면 세키구치의 주력 상품인 1:6 사이즈로 새로운 인형을 만들어보면 어떻겠냐고, 한 유노라 시리즈의 담당자가 아라키 씨에게 제안합니다. 개발 중 사장되었던 1:6 인형의 아이디어가 있었기에 아라키 씨는 이 기획을 수락했습니다. 이렇게 유노라가 시작된 것입니다.

원형은 문제없이 완성했지만, 문제는 양산! 손으로 만든 원형을 그대로 복제할 수 있는 레진 캐스트와는 달리, ABS제의 조인트 류는 지시한 도면을 바탕으로 설계해야 했습니다. 또한 세키구치의 공장은 해외에 있어 여러 번 지시해도 웬일인지 형상과 구조가 달라지는 기이한 현상이 일어났죠. 그때마다 아라키 씨는 반쯤 울면서 수정하고 보내는 과정을 반복했습니다. 드디어 OK 수준의 바디가 완성되고, 아라키 씨는 "지금까지 만든 모든 원형 중에서 유노라가 가장 힘들었다!"라고 말했습니다.

발매되는 유노라 시리즈의 메이크업과 의상은 기본적으로 세키구치의 몫입니다. 아라키 씨가 의상과 헤어스타일, 메이크업을 결정한 것은 초대 유노라뿐이죠. 제3탄 '집사와 아가씨' 이후에는 상품명도 촬영도 모두 세키구치가 진행하고 있다고 합니다. 아라키 씨에게 유노라 디자인에 대해 바라는 게 있냐고 물어보니, 만들어주는 것만으로 감사하다는 답이 돌아왔습니다. 그래도 끈질기게 물어보니 '머리에 고양이 구멍을 뚫어서 귀 부품을 살린 상품'이나 '남녀의 머리를 교체한 상품' 같은 아이디어를 주셨습니다. 향후의 라인업을 기대합니다!

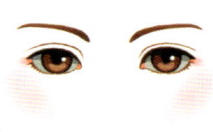

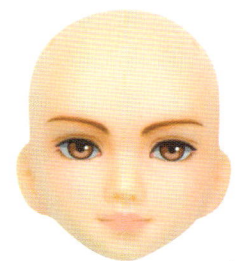

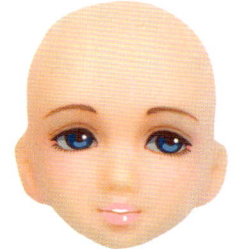

※양옆의 메이크업 일러스트는 아라키 씨가 만든 유노라 제1탄의 채색 지시서입니다. 현재 채색 마스크와는 다르다는 점을 알려드립니다.

아라키 씨가 세키구치 공장에 보낸 지시서를 소개합니다. 모모코 돌의 바디를 제조하고 있는 공장이다 보니, 완전히 새로운 유노라를 모모코의 관절에 기반해 제작하려는 시행착오도 보입니다. 여기 나온 사진이나 도면은 개발 중인 것으로, 완성된 유노라의 바디와 다른 부분도 있습니다.

[바디 1]

몸통의 사타구니 부분은 다리를 좌우로 넓히는 자세, 전후로 구부려 앉는 자세를 양립하기 위해 T자로 커팅되어 있습니다. 관절의 경계선이 속옷 라인 부분에 숨겨져 있어 아름다운 힙 라인을 표현합니다.

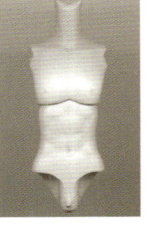

[바디 2]

파츠를 앞뒤로 분할한 내부 구조입니다. 몸통은 바스트 라인 아래에서 나눠지고 가슴과 등 사이, 어깨, 사타구니에 조인트 파츠가 들어 있습니다. 관절 각각의 가동 범위와 움직임에 맞춰 구체와 원반 등 여러 형태의 조인트를 활용합니다. 각 바디라인은 수작업으로 제작되었는데, 원형 조율에 상당히 애를 먹었다고 합니다.

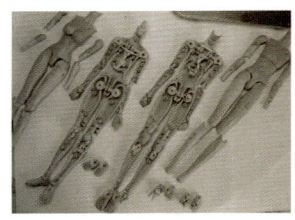

[팔꿈치 1]

팔꿈치 관절 파츠를 팔의 안쪽에 장치해서, 외형은 깔끔하면서 팔꿈치의 회전도 가능하게 만들었습니다.

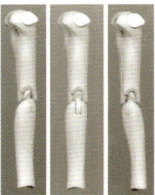

[팔꿈치 2]

팔꿈치 안쪽은 사선으로 커팅되어, 곧게 펴거나 구부렸을 때의 실루엣이 자연스럽습니다. 상완(팔 위)의 분할은 끝이 뾰족하지 않도록 세심하게 만들었습니다.

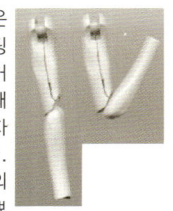

바디

사진 C를 참조하세요.
※ 허리의 구체 관절 부분은 샘플이 없습니다. 사진은 목 관절을 사용했습니다. 이런 느낌으로 설계하세요.

스토퍼에 끼웁니다.

여기 볼록한 부분이 상반신의 회전을 제어합니다.

좌우 겸용으로는 안 됩니다.

고관절 부분

모모코와 비슷한 정도로, 비틀어지는 것이 범추도록 설계하세요.

모모코의 것으로 일부를 자르지 않고 사용합니다.

이 면을 조금 경사지게 잘라서 핀의 공간을 확보해주세요.

샘플을 참조해 설계하세요.

측면

하반신

※ 개념도 폭도 참조하세요. 모모코 폭의 가동 범위가 기본입니다.

조금 문지르는 정도로 해주세요.

실전에서는 뒤쪽 파츠에도 반원이 들어갑니다.

빈틈없이 없게 해주세요.

여기는 뺄까요?

(뒤) (앞)

허리의 구체관절

닷 모양 부분이 좌우 기울어짐 빛 비틀어짐의 폭을 제한합니다.

튼튼한 느낌으로 움직이도록 설계하세요.

비스듬하게(경사지도록) 싸르고, 핀 뒤치는 확보하세요.

어깨 뒤쪽 부분과 비슷해지거나 회전할 필요 없으니 네모지게 싸는 것도 좋습니다.

크면 가운데를 뺄까요?

이번쯤

앞

끼워 넣는 것을 그만둘게요.

제법 두꺼워졌으니 가운데를 뺄까요?

이 길이로 허리의 회전이 고정됩니다.

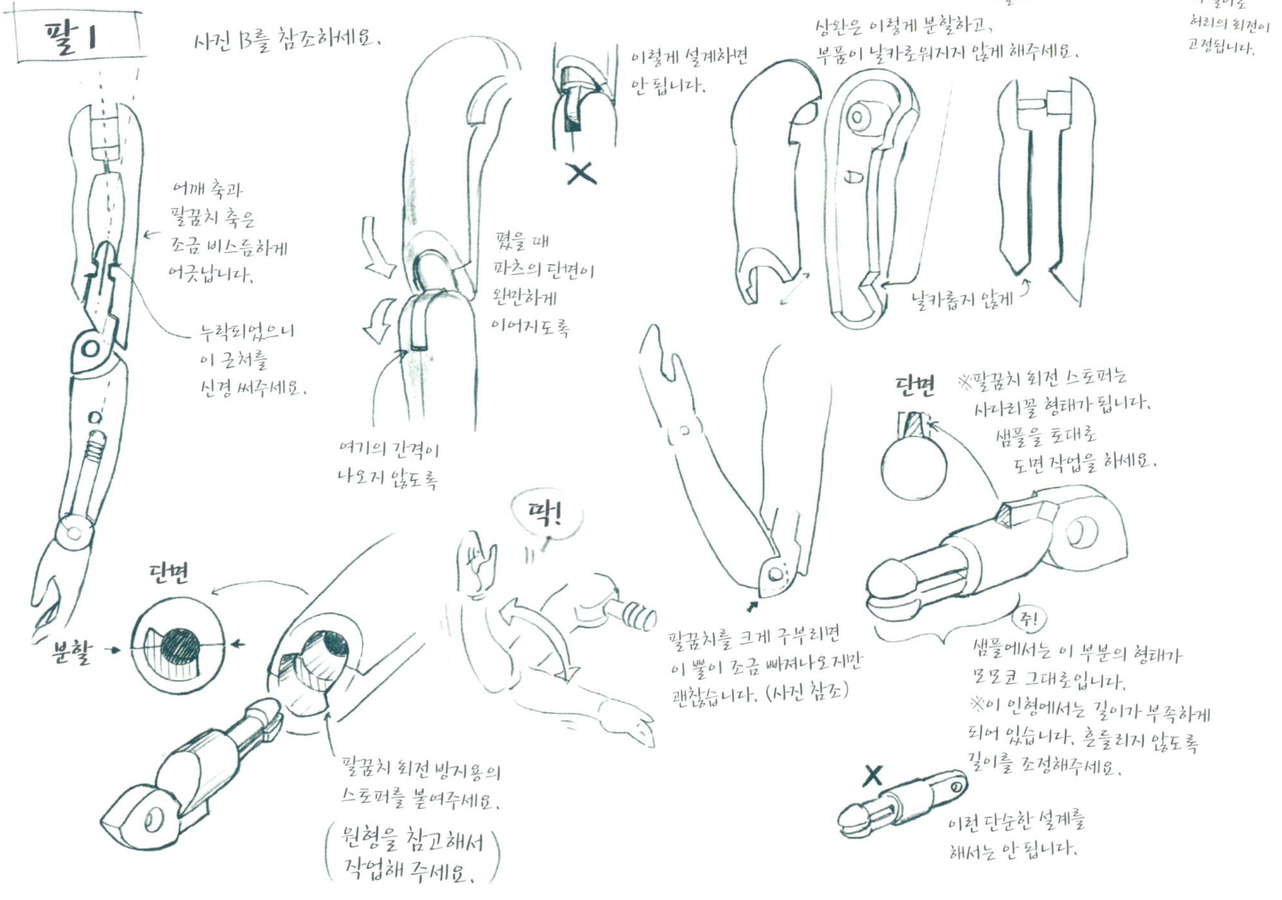

팔 1

사진 B를 참조하세요.

어깨 축과 팔꿈치 축은 조금 비스듬하게 어긋납니다.

누락되었으니 이 근처를 신경 써주세요.

분할 →

이렇게 설계하면 안 됩니다.

굽힐 때 파츠의 단면이 완만하게 이어지도록

여기의 간격이 나오지 않도록

단면

팔꿈치 회전 방지용의 스토퍼를 붙여주세요.

(원형을 참고해서 작업해 주세요.)

상완을 이렇게 분할하고, 부품이 날카로워지지 않게 해주세요.

날카롭지 않게

떡!

팔꿈치를 크게 구부리면 이 뿔이 조금 빠져나오지만 괜찮습니다. (사진 참조)

단면

※ 팔꿈치 회전 스토퍼는 사다리꼴 형태가 됩니다. 샘플을 토대로 도면 작업을 하세요.

주!

샘플에서는 이 부분의 형태가 모모코 그대로입니다.
※ 이 인형에서는 길이가 부족하게 되어 있습니다. 흔들리지 않도록 길이를 조절해주세요.

이런 단순한 설계를 해서는 안 됩니다.

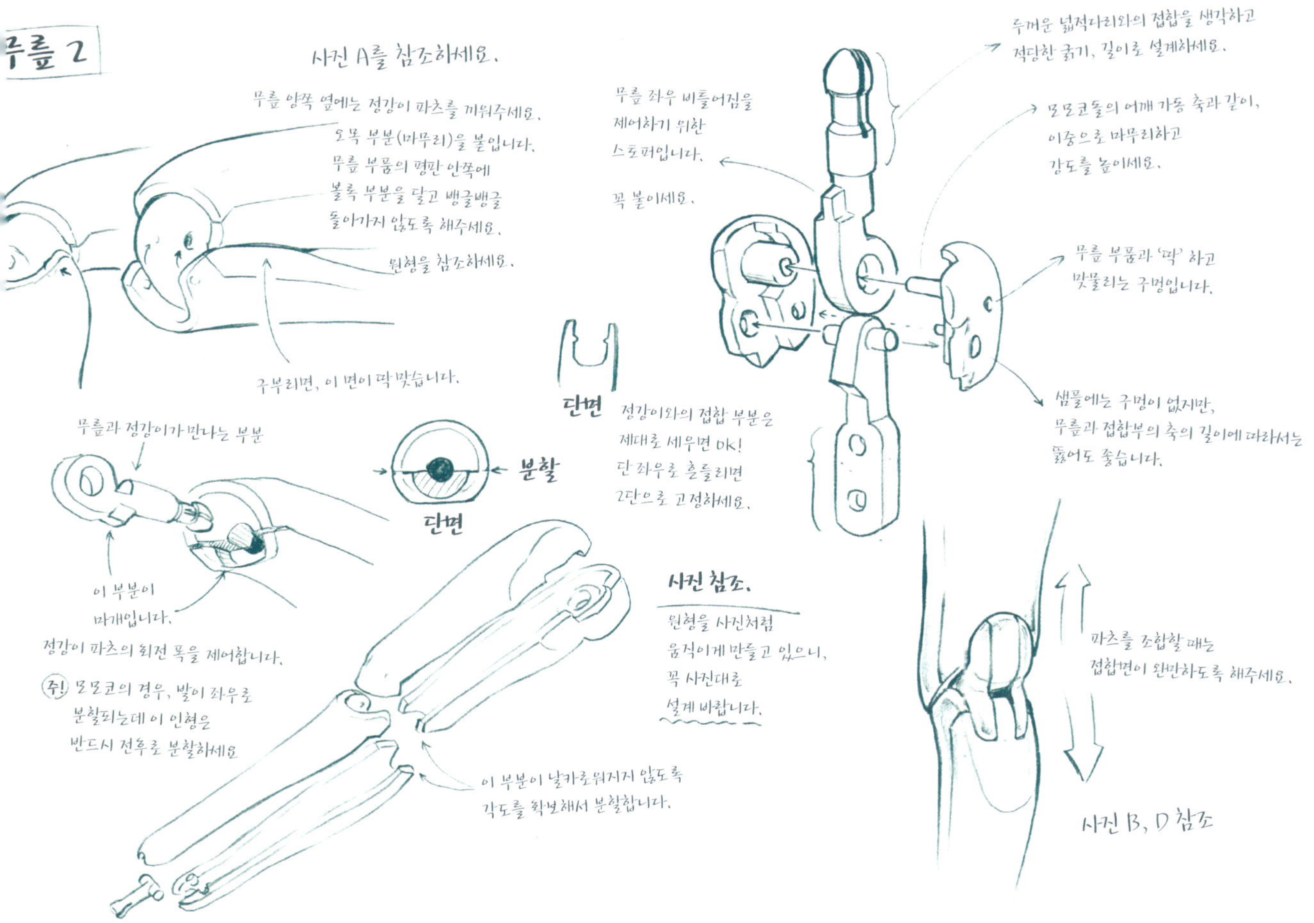

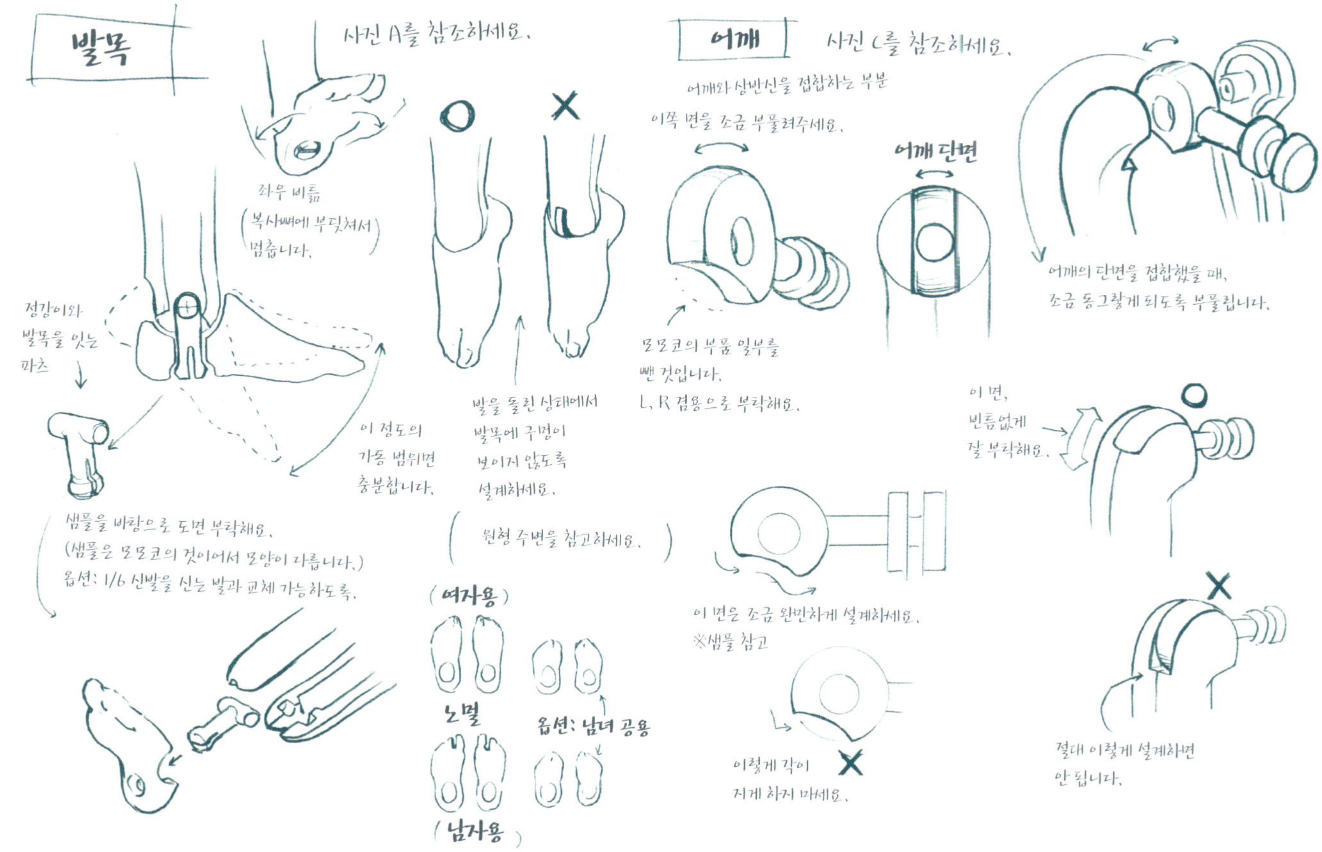

무릎 2

사진 A를 참조하세요.

무릎 양쪽 옆에는 정강이 파츠를 끼워주세요.
오목 부분(마무리)을 붙입니다.
무릎 부품의 평판 안쪽에
볼록 부분을 달고 뱅글뱅글
돌아가지 않도록 해주세요.

원형을 참조하세요.

무릎 좌우 비틀어짐을
제어하기 위한
스토퍼입니다.

꼭 붙이세요.

두꺼운 넓적다리와의 접합을 생각하고
적당한 굵기, 길이로 설계하세요.

모모코들의 어깨 가동 축과 같이,
이중으로 마무리하고
강도를 높이세요.

무릎 부품과 '떡' 하고
맞물리는 주병입니다.

구부리면, 이 면이 떡 맞습니다.

단면

무릎과 정강이가 만나는 부분

이 부분이
마개입니다.

정강이 파츠의 회전 폭을 제어합니다.

주) 모모코의 경우, 발이 좌우로
분할되는데 이 인형을
반드시 전후로 분할하세요.

분할

단면

단면

정강이 외의 접합 부분을
제대로 세우면 OK!
단 좌우로 흔들리면
2단으로 고정하세요.

사진 참조.

원형을 사진처럼
움직이게 만들고 있으니,
꼭 사진대로
설계 바랍니다.

샘플에는 주병이 없지만,
무릎과 접합부의 축의 길이에 따라서는
뚫어도 좋습니다.

파츠를 조합할 때는
접합면이 완만하도록 해주세요.

이 부분이 날카로워져서 않도록
각도를 확보해서 분할합니다.

사진 B, D 참조

발목

사진 A를 참조하세요.

좌우 비틀
복사뼈에 부딪혀서
멈춥니다.

정강이와
발목을 잇는
파츠

이 정도의
가동 범위면
충분합니다.

발을 돌린 상태에서
발목에 구멍이
보이지 않도록
설계하세요.

샘플을 바닥으로 도면 부착해요.
(샘플을 모모코의 것이어서 모양이 다릅니다.)
옵션: 1/6 신발을 신는 발과 교체 가능하도록.

원형 주변을 참고하세요.

(여자용)
노멀   옵션: 남녀 공용

(남자용)

어깨

사진 C를 참조하세요.

어깨와 상반신을 접합하는 부분

이쪽 면을 조금 부풀려주세요.

어깨 단면

어깨의 단면을 접합했을 때,
조금 동그랗게 되도록 부풀립니다.

모모코의 부품 일부를
뺀 것입니다.
L, R 겸용으로 부착해요.

이 면,
빈틈없이
잘 부착해요.

이 면을 조금 완만하게 설계하세요.
※샘플 참고

이렇게 각이
지게 하지 마세요.

절대 이렇게 설계하면
안됩니다.

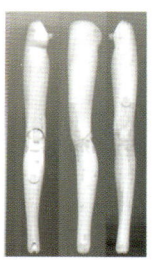

[무릎 1]

직립 시에는 무릎 관절이 다리 파츠 안에 숨어, 앞에서 보면 전혀 보이지 않고 아름다운 실루엣을 유지합니다. 무릎 뒤를 보면 안쪽에 이중 관절이 들어 있음을 알 수 있습니다.

[무릎 2]

무릎을 90도로 구부리면 무릎 관절이 보입니다. 더 구브리면 길고 둥근 무릎 조절 파츠가 나오는데 매우 깊게 구부릴 수 있습니다.

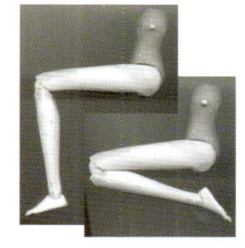

[어깨]

어깨에 끼워진 팔의 관절 원반 파츠입니다. 겨드랑이 아래는 커버가 이어주고, 팔을 들어올릴 때에도 관절의 실루엣이 무너지지 않습니다.

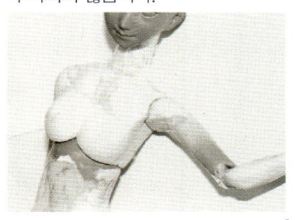

[발목]

발목의 조인트는 다리 쪽에 세팅되어 정강이에서부터 발등을 직선으로 뻗을 수 있습니다. 맨발로도 아름다운 실루엣이 되도록 노멀 발 이외에 작은 발도(모모코용 슈즈 등 다른 1:6 신발을 신을 수 있도록) 준비했습니다. (남녀 겸용)

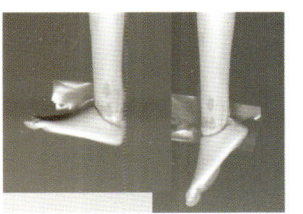

2007년 세키구치에서 데뷔한 유노라는 8년간 많은 시리즈를 발매했습니다. 그 동안 1년 이상 발매가 중단되어 팬들을 안달하게 만들기도 했지만, 그만큼 몸의 정확도를 높이고 가벼워졌습니다. 입소문이 퍼져 이제는 구하기 어려운 인형으로 자리 잡은 유노라는 앞으로도 계속 릴리즈될 예정입니다. 세키구치 팬 다이렉트 숍의 메일 매거진에 등록해두면 가장 빨리 정보를 접할 수 있습니다.

※이외에 한정판 모델로서 2009년에 인형 숍 BIC의 'LOVESOUND' 디자인 버전이, 2010년에 '유노아 프릭2' 지상 한정 '작은곰자리' 디자인 버전이 제작되었습니다.

※표기된 가격은 발매 당시의 가격입니다.

1.
아즈라이트
후로우라이트
본체 가격: 각 12,000엔
2007년 3월 발매

2.
아즈라이트 블랙산타 버전
후로우라이트 산타 버전
본체 가격: 각 15,000엔
2007년 11월 발매

3.
아즈라이트 집사 버전
후로우라이트 아가씨 버전
본체 가격: 각 16,000엔
2008년 5월 발매

4.
아즈라이트 릴랙스 버전
후로우라이트 릴랙스 버전
본체 가격: 각 15,000엔
2008년 8월 발매

5.
아즈라이트 Xmas 버전
후로우라이트 Xmas 버전
본체 가격: 각 15,000엔
2008년 11월 발매

6.
아즈라이트 늑대 버전
후로우라이트 빨간모자 버전
본체 가격: 각16,000엔
2009년 3월 발매

7.
아즈라이트 비치 버전
후로우라이트 비치 버전
본체 가격: 각 13,800엔
2009년 7월 발매

8.
아즈라이트 룸웨어 버전
후로우라이트 룸웨어 버전
본체 가격: 각 13,800엔
2011년 2월 발매

9.
아즈라이트 마린자켓 버전
후로우라이트 마린원피스 버전
본체 가격: 각 14,000엔
20011년 10월 발매

1.

2.

3.

4.

5.

6.

7.

8.

9.

10.

11.

12.

유노아 크루스 라이트 판매처

세키구치 팬 다이렉트 숍
http://www.rakuten.ne.jp/gold/
monchhichi/index.html

세키구치 고객서비스센터
TEL 0120-041-903
(평일 9:30~12:00, 13:00~17:00 접수)
E-mail: service@sekiguchi.co.jp

※ 가격은 부가세 별도 금액이며,
과거에 발매된 상품들은 판매 종료되었으며
재판매는 결정되지 않았음을 알려드립니다.

13.

14.

15.

10.
아즈라이트 오드아이캣 버전
후로우라이트 오드아이캣 버전
본체 가격: 각 12,000엔
2011년 11월 발매

11.
아즈라이트 록비쥬얼 버전
후로우라이트 록비쥬얼 버전
본체 가격: 각 14,000엔
2011년 12월 발매

12.
아즈라이트 파자마 버전
후로우라이트 파자마 버전
본체 가격: 각 12,000엔
2013년 2월 발매

13.
아즈라이트 블랙&화이트 버전
후로우라이트 블랙&화이트 버전
본체 가격: 각 12,000엔
2013년 3월 발매

14.
아즈라이트 베리 버전
후로우라이트 베리 버전
본체 가격: 각 12,000엔
2013년 7월 발매

15.
아즈라이트 화이트 코디 버전
후로우라이트 화이트 코드 버전
본체 가격: 각 12,000엔
2013년 7월 발매

16.
아즈라이트 모코모코 룸웨어 버전
후로우라이트 모코모코 룸웨어 버전
본체 가격: 각 13,000엔
2014년 7월 발매

17.
아즈라이트 해적 버전
후로우라이트 해적 버전
본체 가격: 각 13,500엔
2014년 8월 발매

18.
아즈라이트 제복 버전
후로우라이트 제복 버전
본체 가격: 각 13,500엔
2014년 10월 발매

16.

17.

18.

Chapter 3
패턴

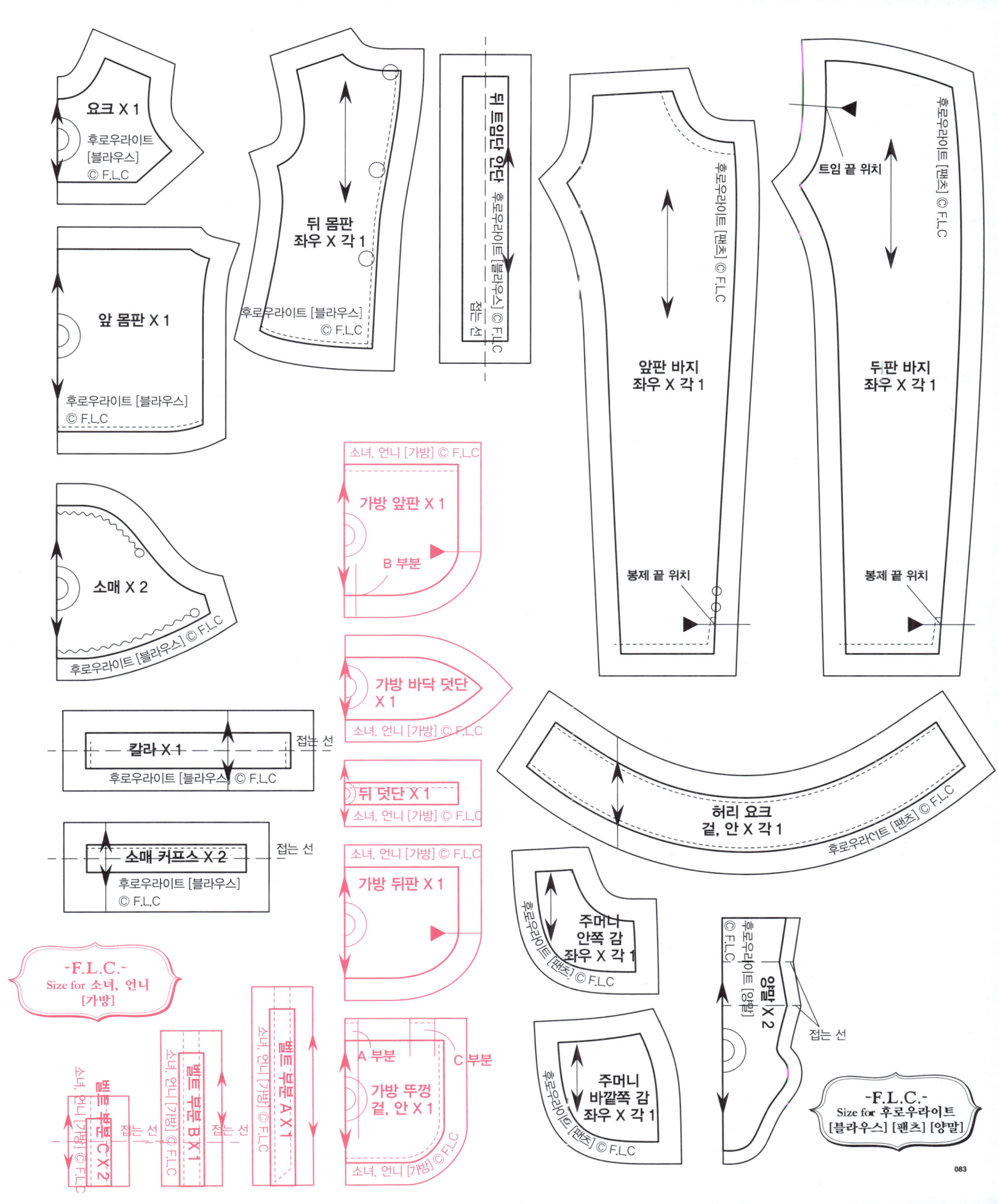

요크 X 1
후로우라이트
[블라우스]
© F.L.C

앞 몸판 X 1
후로우라이트 [블라우스]
© F.L.C

뒤 몸판
좌우 X 각 1
후로우라이트 [블라우스]
© F.L.C

뒤 트임단 안단
후로우라이트 [블라우스] © F.L.C
접는 선

앞판 바지
좌우 X 각 1
후로우라이트 [팬츠] © F.L.C

봉제 끝 위치

두판 바지
좌우 X 각 1
트임 끝 위치
후로우라이트 [팬츠] © F.L.C

봉제 끝 위치

소매 X 2
후로우라이트 [블라우스] © F.L.C

칼라 X 1
접는 선
후로우라이트 [블라우스] © F.L.C

소매 커프스 X 2
접는 선
후로우라이트 [블라우스]
© F.L.C

가방 앞판 X 1
소녀, 언니 [가방] © F.L.C
B 부분

가방 바닥 덧단
X 1
소녀, 언니 [가방] © F.L.C

뒤 덧단 X 1
소녀, 언니 [가방] © F.L.C

소녀, 언니 [가방] © F.L.C
가방 뒤판 X 1

허리 요크
겉, 안 X 각 1
후로우라이트 [팬츠] © F.L.C

주머니
안쪽 감
좌우 X 각 1
후로우라이트 [팬츠] © F.L.C

양말 X 2
후로우라이트 [양말] © F.L.C
접는 선

-F.L.C.-
Size for 소녀, 언니
[가방]

소녀, 언니 [가방] © F.L.C
뽀뽀 뽀뽀 C X 2
접는 선

소녀, 언니 [가방] © F.L.C
뽀뽀 뽀뽀 B X 1
접는 선

소녀, 언니 [가방] © F.L.C
뽀뽀 뽀뽀 A X 1

A 부분   C 부분
가방 뚜껑
겉, 안 X 1
소녀, 언니 [가방] © F.L.C

주머니
바깥쪽 감
좌우 X 각 1
후로우라이트 [팬츠] © F.L.C

-F.L.C.-
Size for 후로우라이트
[블라우스] [팬츠] [양말]

083

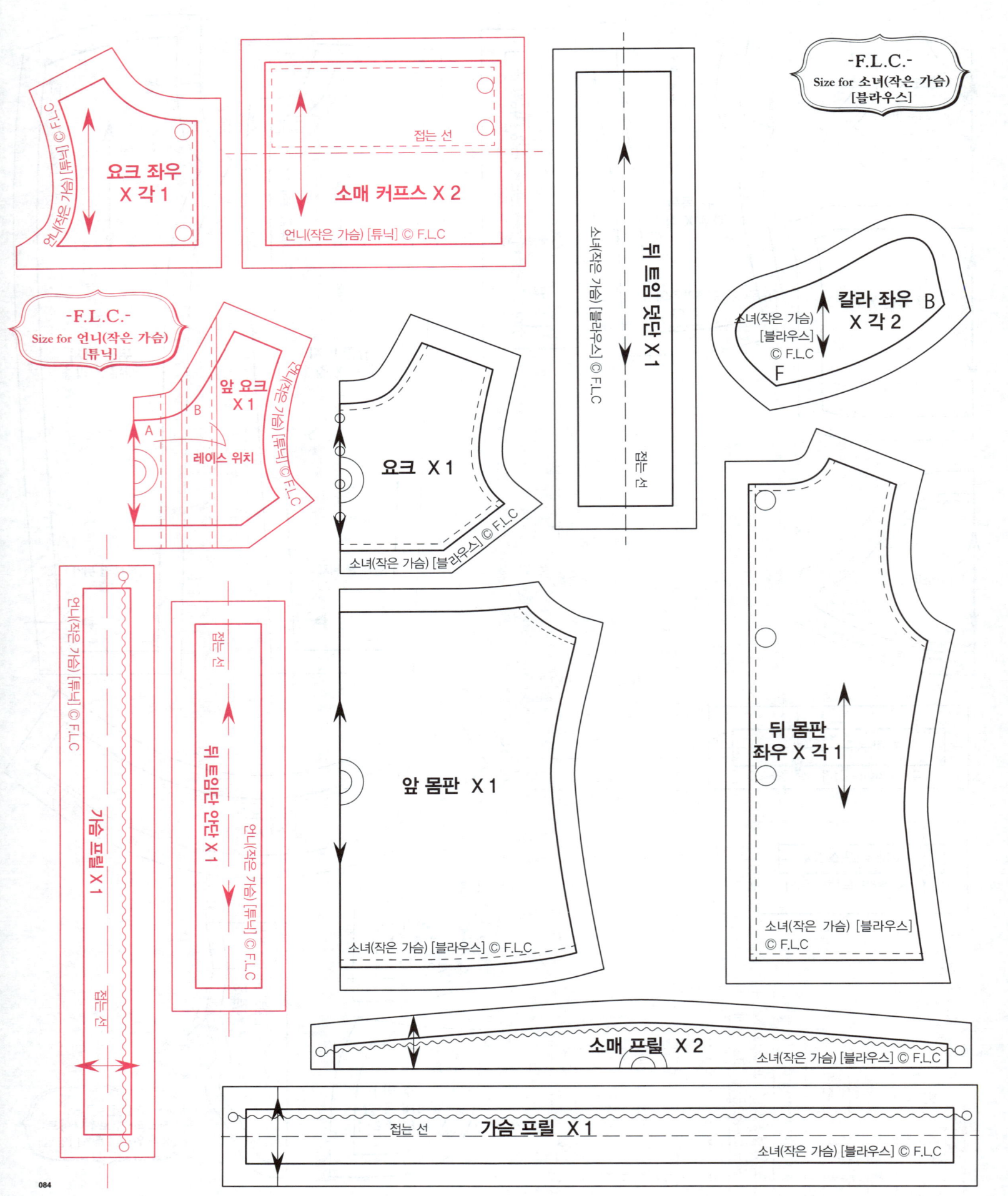

요크 좌우
X 각 1

언니(작은 가슴) [튜닉] © F.L.C

접는 선

소매 커프스 X 2

언니(작은 가슴) [튜닉] © F.L.C

-F.L.C.-
Size for 소녀(작은 가슴)
[블라우스]

소녀(작은 가슴) [블라우스] © F.L.C

뒤 트임의 덧단 X 1

접는 선

칼라 좌우 B
X 각 2

소녀(작은 가슴)
[블라우스]
© F.L.C

F

-F.L.C.-
Size for 언니(작은 가슴)
[튜닉]

앞 요크
X 1

B
A
레이스 위치

언니(작은 가슴) [튜닉] © F.L.C

요크 X 1

소녀(작은 가슴) [블라우스] © F.L.C

뒤 몸판
좌우 X 각 1

소녀(작은 가슴) [블라우스]
© F.L.C

가슴 프릴 X 1

언니(작은 가슴) [튜닉] © F.L.C

접는 선

뒤 트임의 안단 X 1

언니(작은 가슴) [튜닉] © F.L.C

앞 몸판 X 1

소녀(작은 가슴) [블라우스] © F.L.C

소매 프릴 X 2

소녀(작은 가슴) [블라우스] © F.L.C

접는 선   가슴 프릴 X 1

소녀(작은 가슴) [블라우스] © F.L.C

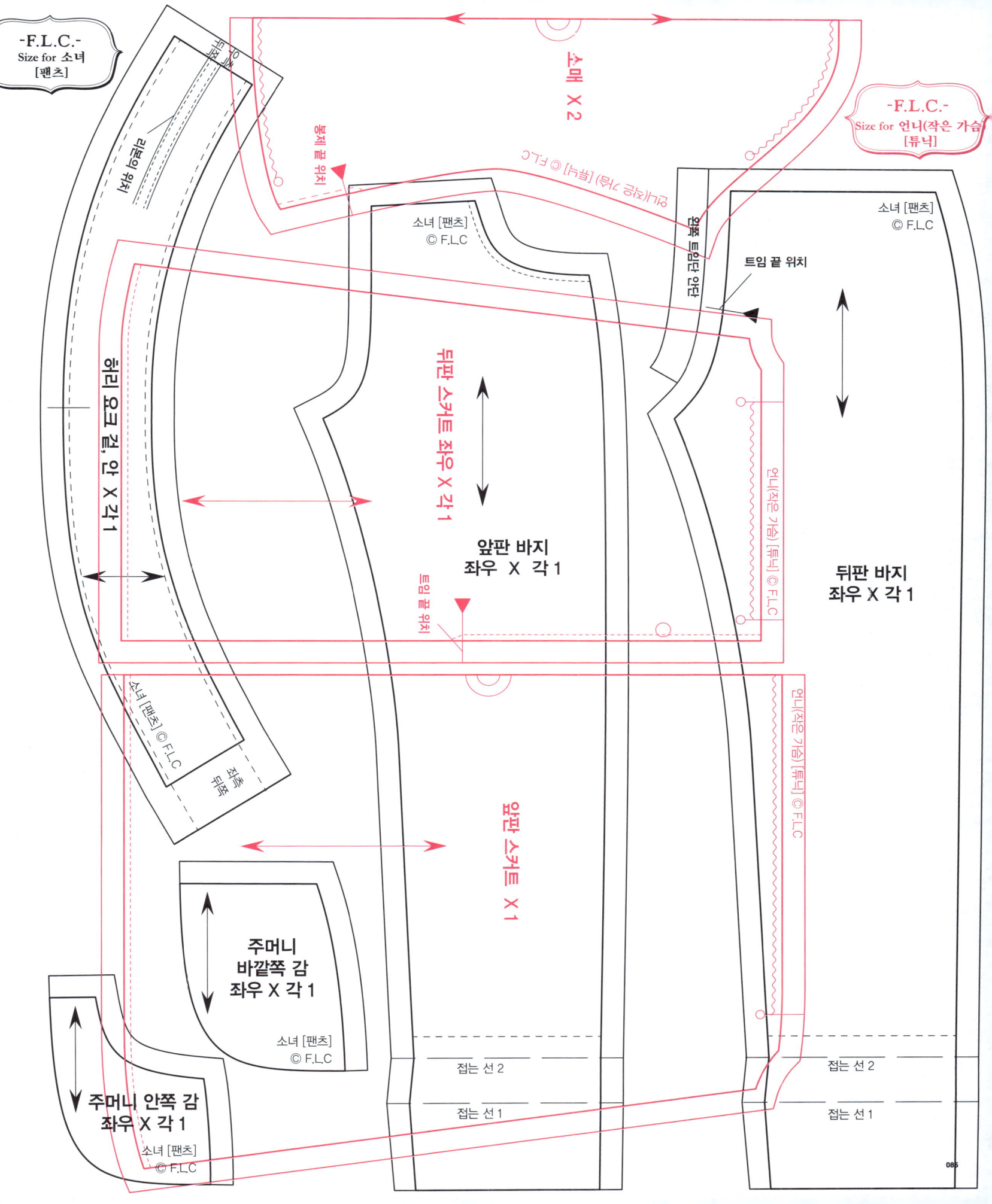

-F.L.C.-
Size for 소녀
[팬츠]

소매 X 2

-F.L.C.-
Size for 언니(작은 가슴)
[튜닉]

봉제 끝 위치

언니(작은 가슴) [튜닉] ⓒ F.L.C

소녀 [팬츠] ⓒ F.L.C

트임 끝 위치

양쪽 트임단 안단

허리 요크 겹, 안 X 각 1

뒤판 스카트 좌우 X 각 1

리본의 위치

앞판 바지
좌우 X 각 1

트임 끝 위치

소녀 [팬츠] ⓒ F.L.C

소녀 [팬츠]

언니(작은 가슴) [튜닉] ⓒ F.L.C

뒤판 바지
좌우 X 각 1

앞판 스카트 X 1

주머니
바깥쪽 감
좌우 X 각 1

소녀 [팬츠] ⓒ F.L.C

접는 선 2

접는 선 2

주머니 안쪽 감
좌우 X 각 1

접는 선 1

접는 선 1

소녀 [팬츠] ⓒ F.L.C

085

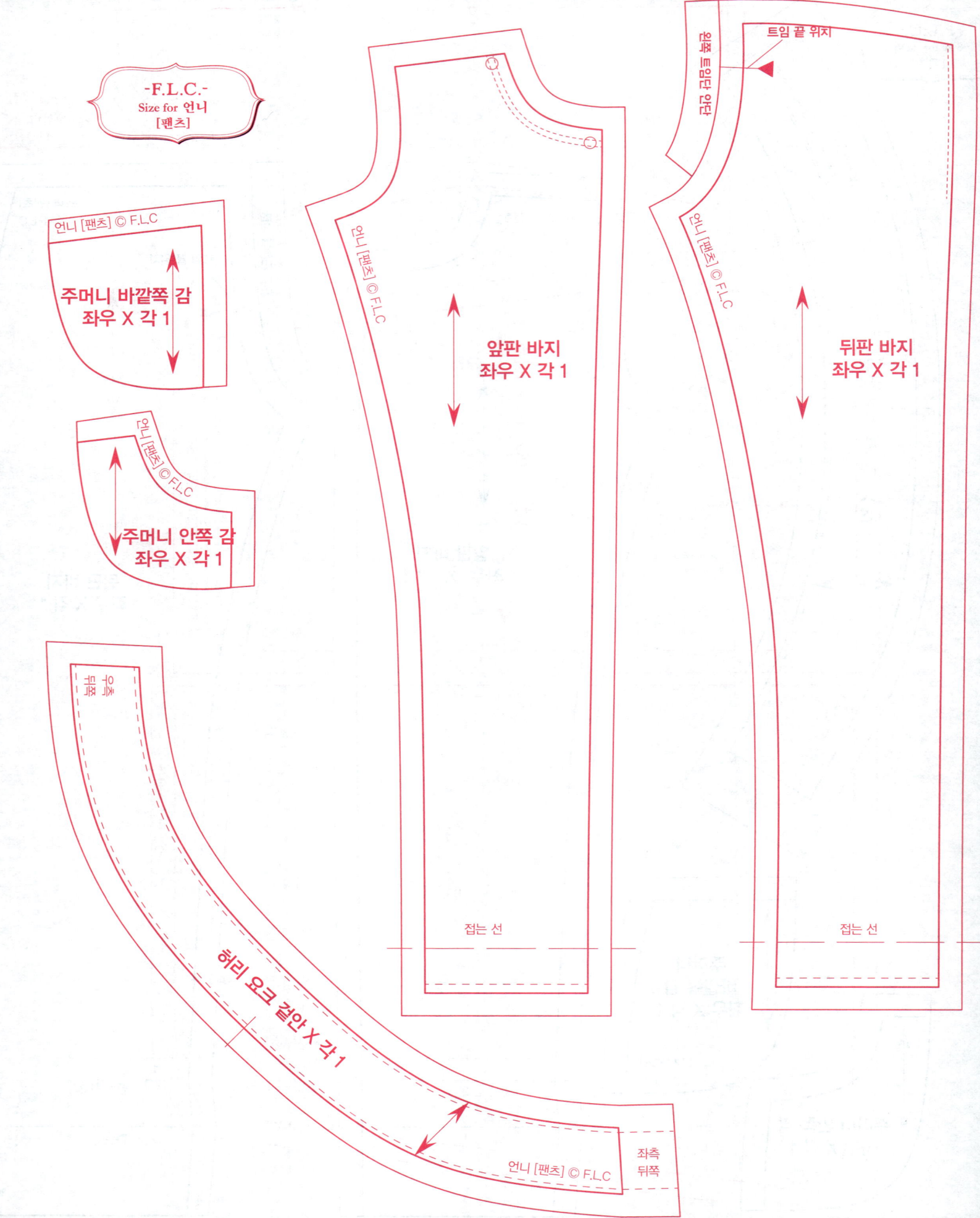

-F.L.C.-
Size for 언니
[팬츠]

언니 [팬츠] © F.L.C

주머니 바깥쪽 감
좌우 X 각 1

언니 [팬츠] © F.L.C

주머니 안쪽 감
좌우 X 각 1

언니 [팬츠] © F.L.C

앞판 바지
좌우 X 각 1

접는 선

언니 [팬츠] © F.L.C

뒤판 바지
좌우 X 각 1

접는 선

왼쪽 트임단 안단

트임 끝 위치

허리 요크 걸안 X 각 1

언니 [팬츠] © F.L.C

좌측
뒤쪽

086

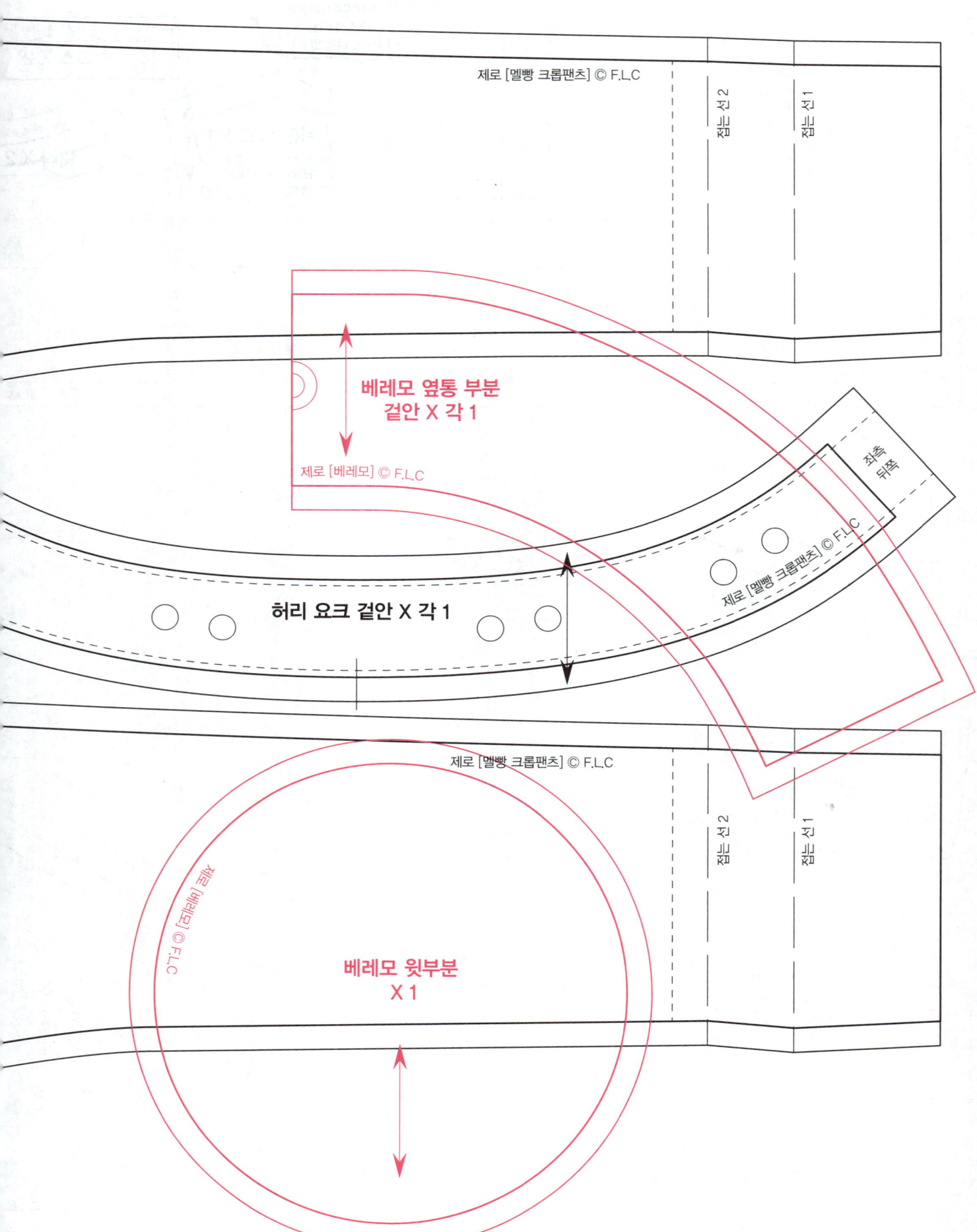

제로 [멜빵 크롭팬츠] © F.L.C

접는 선 2

접는 선 1

베레모 옆통 부분
겉안 X 각 1

제로 [베레모] © F.L.C

좌측 뒤쪽

허리 요크 겉안 X 각 1

제로 [멜빵 크롭팬츠] © F.L.C

제로 [멜빵 크롭팬츠] © F.L.C

접는 선 2

접는 선 1

제로 [베레모] © F.L.C

베레모 윗부분
X 1

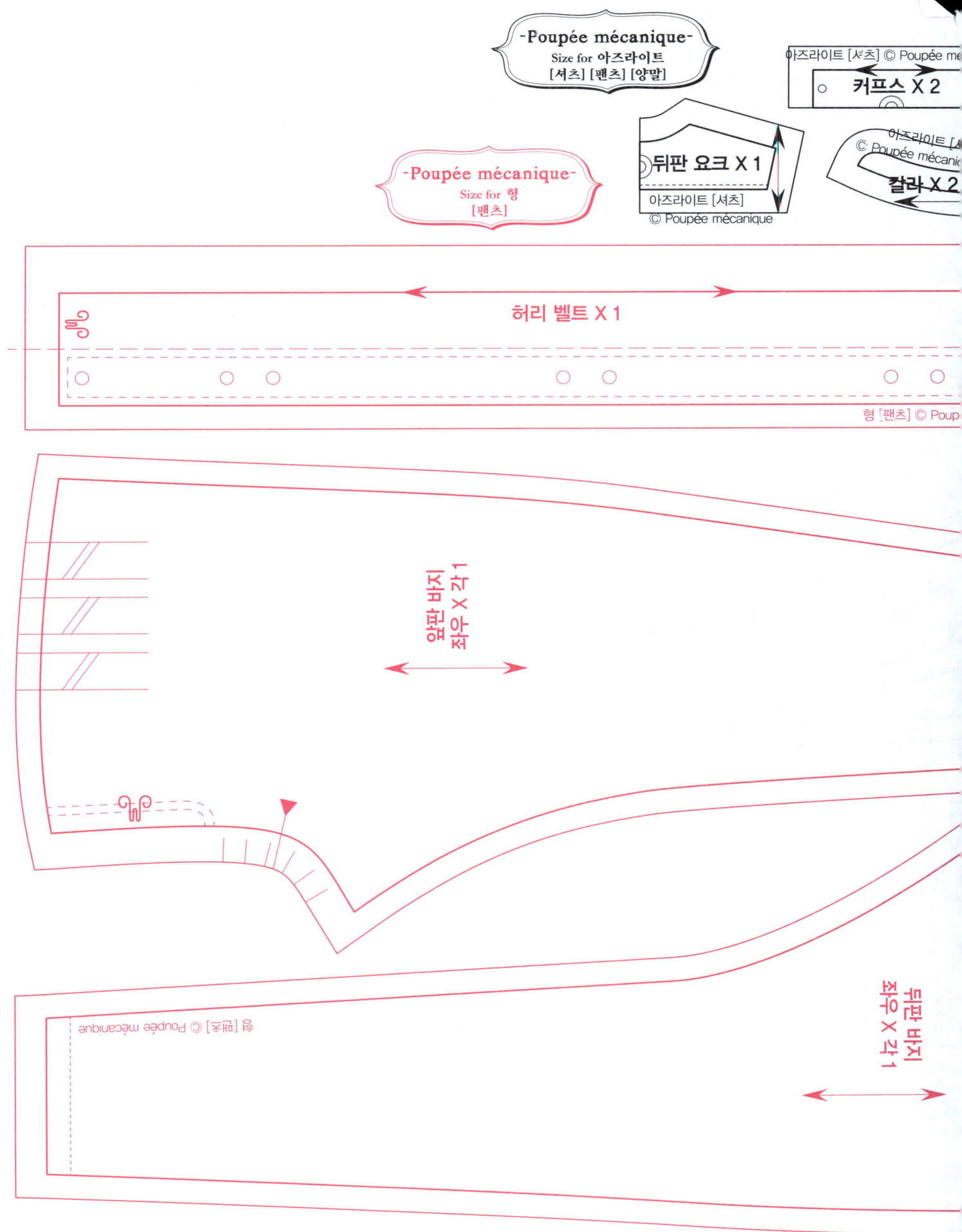

-Poupée mécanique-
Size for 아즈라이트
[셔츠] [팬츠] [양말]

아즈라이트 [셔츠] © Poupée me
○ 커프스 X 2

뒤판 요크 X 1
아즈라이트 [셔츠]
© Poupée mécanique

아즈라이트 [A
© Poupée mécani
칼라 X 2

-Poupée mécanique-
Size for 형
[팬츠]

허리 벨트 X 1

형 [팬츠] © Poup

앞판 바지
좌안 X 각 1

뒤판 바지
좌우 X 각 1

형 [팬츠] © Poupée mécanique

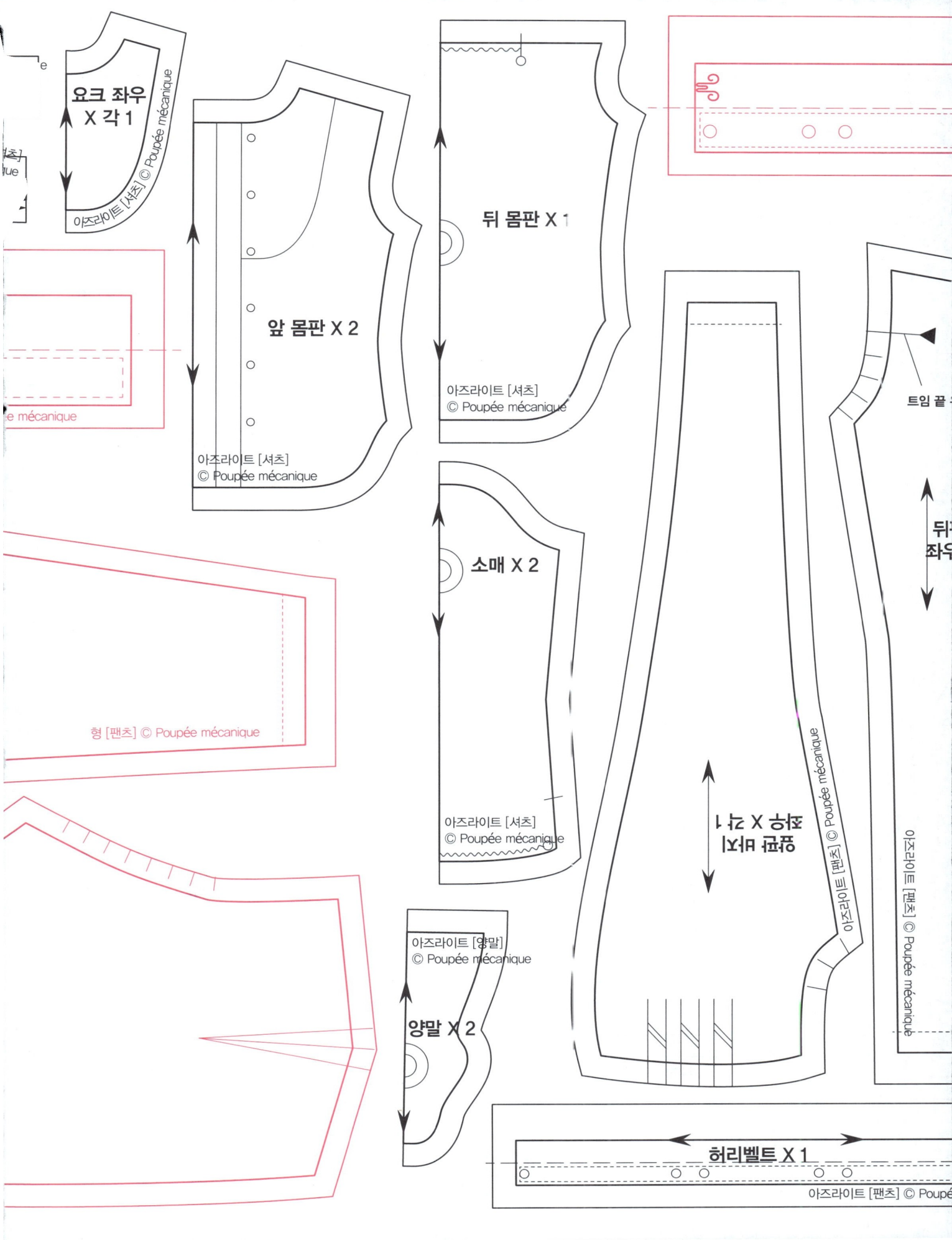

요크 좌우
X 각 1

아즈라이트 [셔츠]© Poupée mécanique

뒤 몸판 X 1

앞 몸판 X 2

아즈라이트 [셔츠]
© Poupée mécanique

아즈라이트 [셔츠]
© Poupée mécanique

트임 끝

뒤
좌우

형 [팬츠] © Poupée mécanique

소매 X 2

아즈라이트 [셔츠]
© Poupée mécanique

요크 X 각 1
유쿠 마기

아즈라이트 [팬츠] © Poupée mécanique

아즈라이트 [팬츠] © Poupée mécanique

아즈라이트 [양말]
© Poupée mécanique

양말 X 2

허리벨트 X 1

아즈라이트 [팬츠] © Poupée

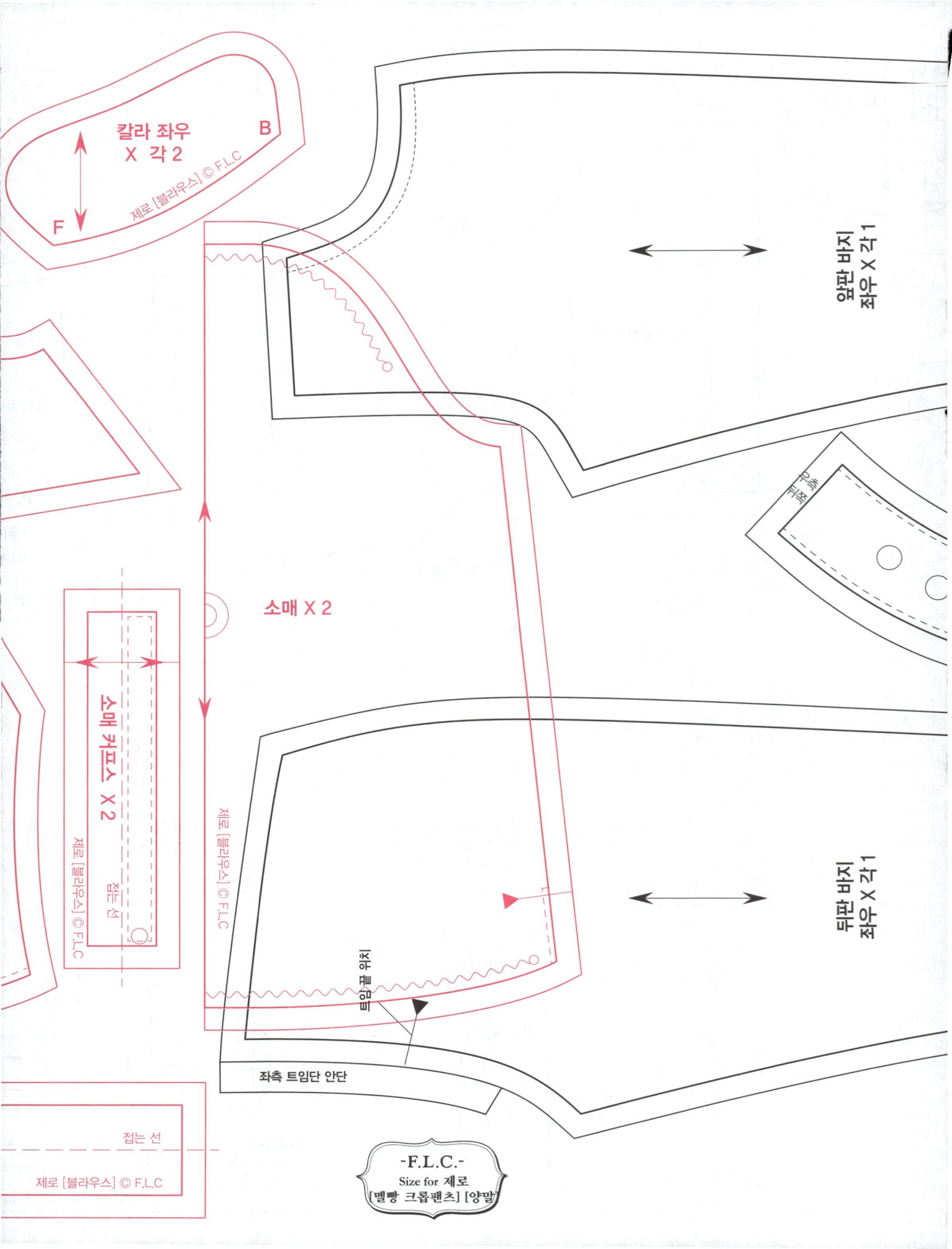

칼라 좌우
X 각 2

B

F

제로 [블라우스] © F.L.C

소매 X 2

소매 카프스 X 2

접는 선

제로 [블라우스] © F.L.C

제로 [블라우스] © F.L.C

접는 선

제로 [블라우스] © F.L.C

앞판 바지 좌우 X 각 1

뒤판 바지 좌우 X 각 1

좌측 트임단 안단

트임끝 위치

-F.L.C.-
Size for 제로
[멜빵 크롭팬츠] [양말]

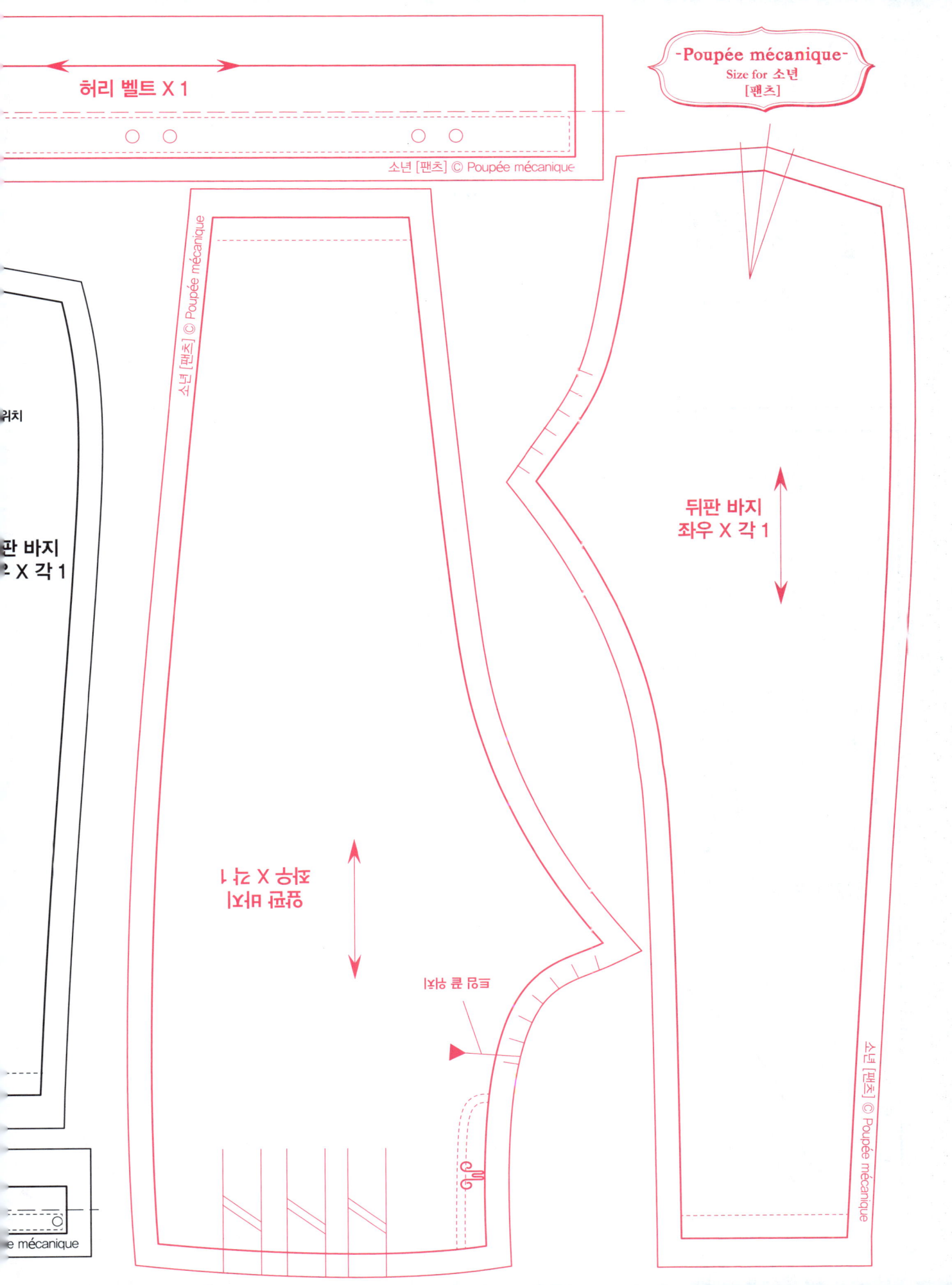

허리 벨트 X 1

소년 [팬츠] © Poupée mécanique

-Poupée mécanique-
Size for 소년
[팬츠]

소년 [팬츠] © Poupée mécanique

뒤판 바지
좌우 X 각 1

판 바지
X 각 1

앞판 바지
좌우 X 각 1

트임 끝 위치

소년 [팬츠] © Poupée mécanique

-Poupée mécanique-
Size for 소년
[팬츠]

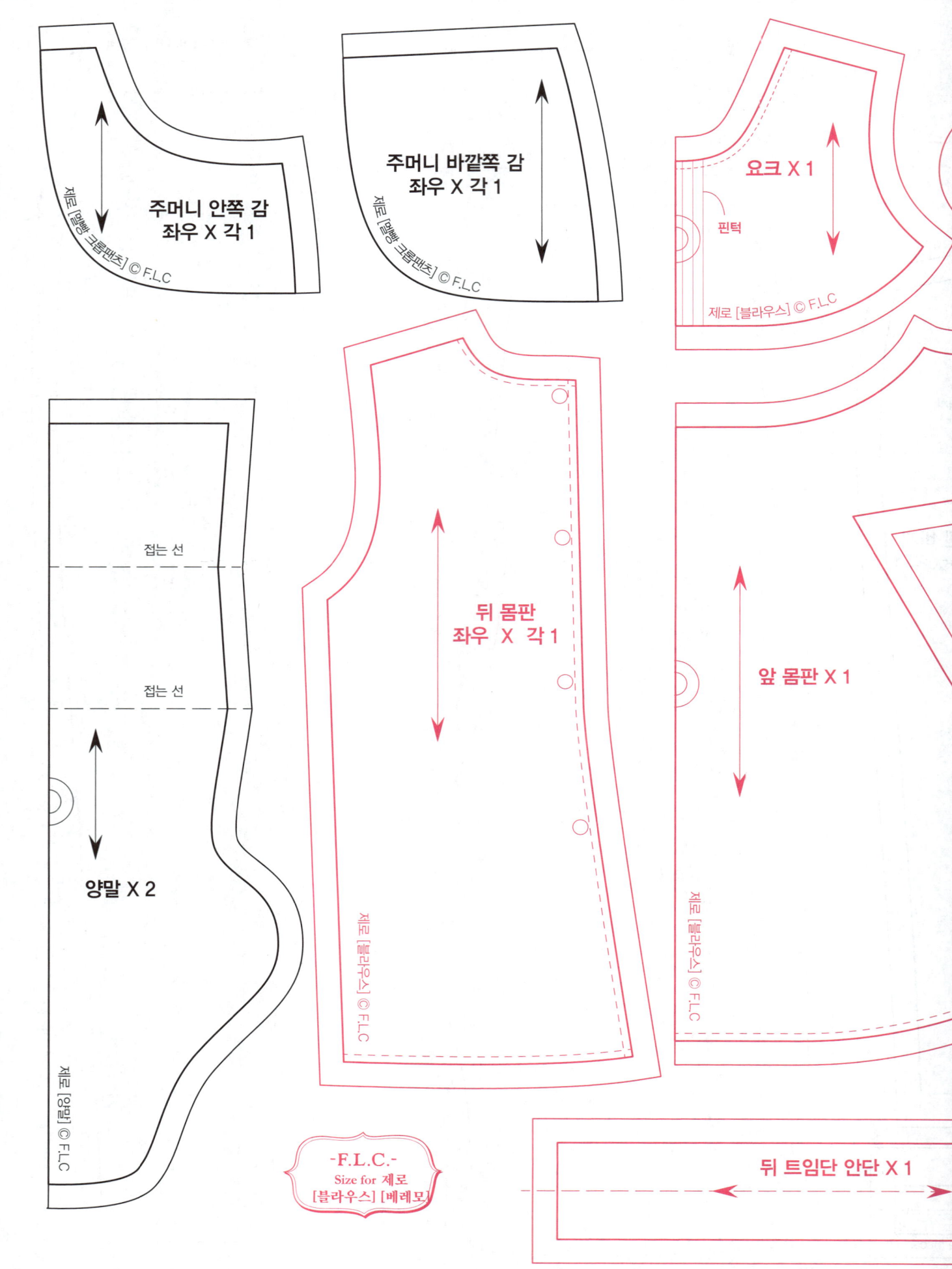

주머니 안쪽 감
좌우 X 각 1

제로 [멜빵 크롭팬츠] © F.L.C

주머니 바깥쪽 감
좌우 X 각 1

제로 [멜빵 크롭팬츠] © F.L.C

요크 X 1

핀턱

제로 [블라우스] © F.L.C

접는 선

접는 선

양말 X 2

제로 [양말] © F.L.C

뒤 몸판
좌우 X 각 1

제로 [블라우스] © F.L.C

앞 몸판 X 1

제로 [블라우스] © F.L.C

-F.L.C.-
Size for 제로
[블라우스] [베레모]

뒤 트임단 안단 X 1

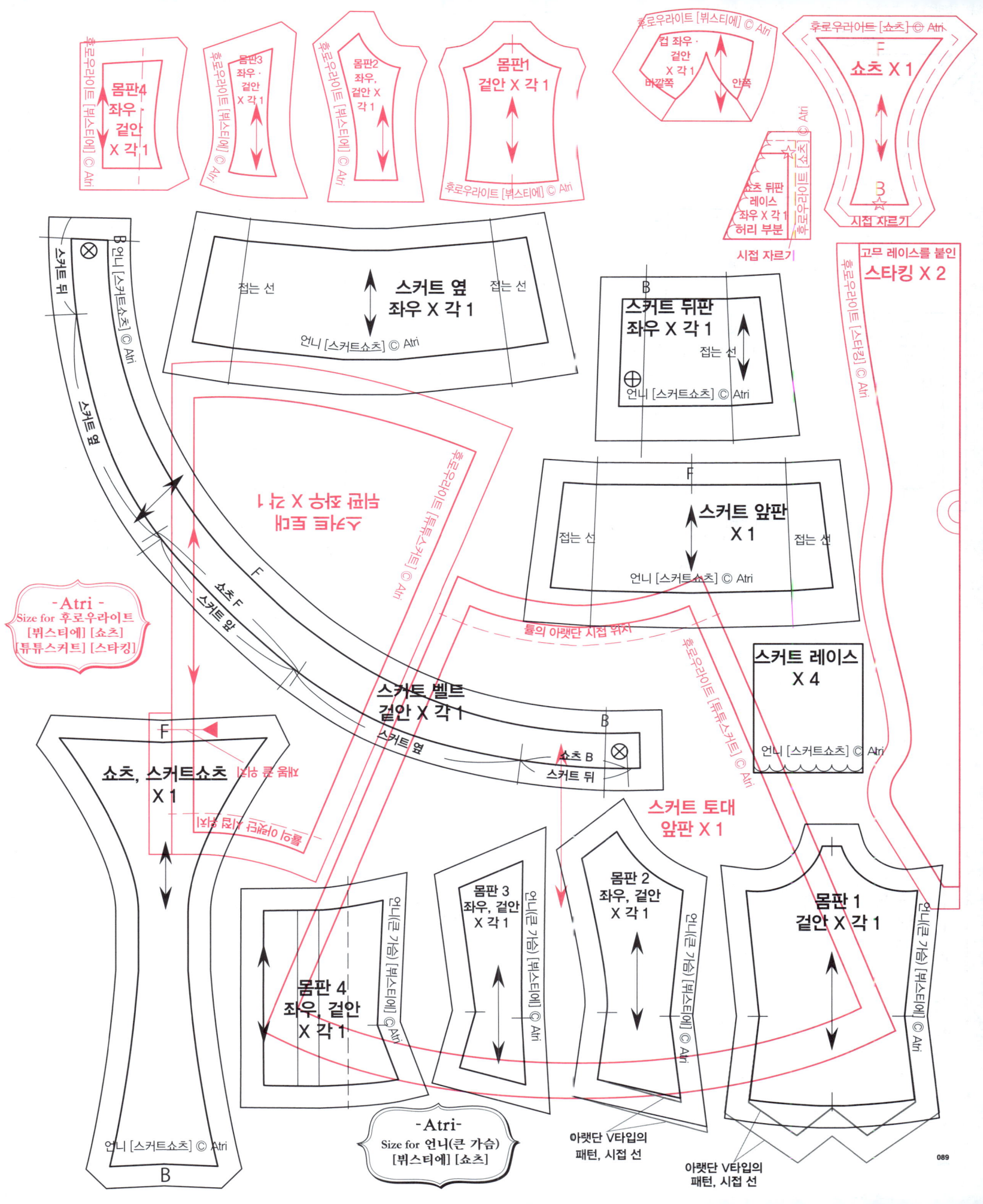

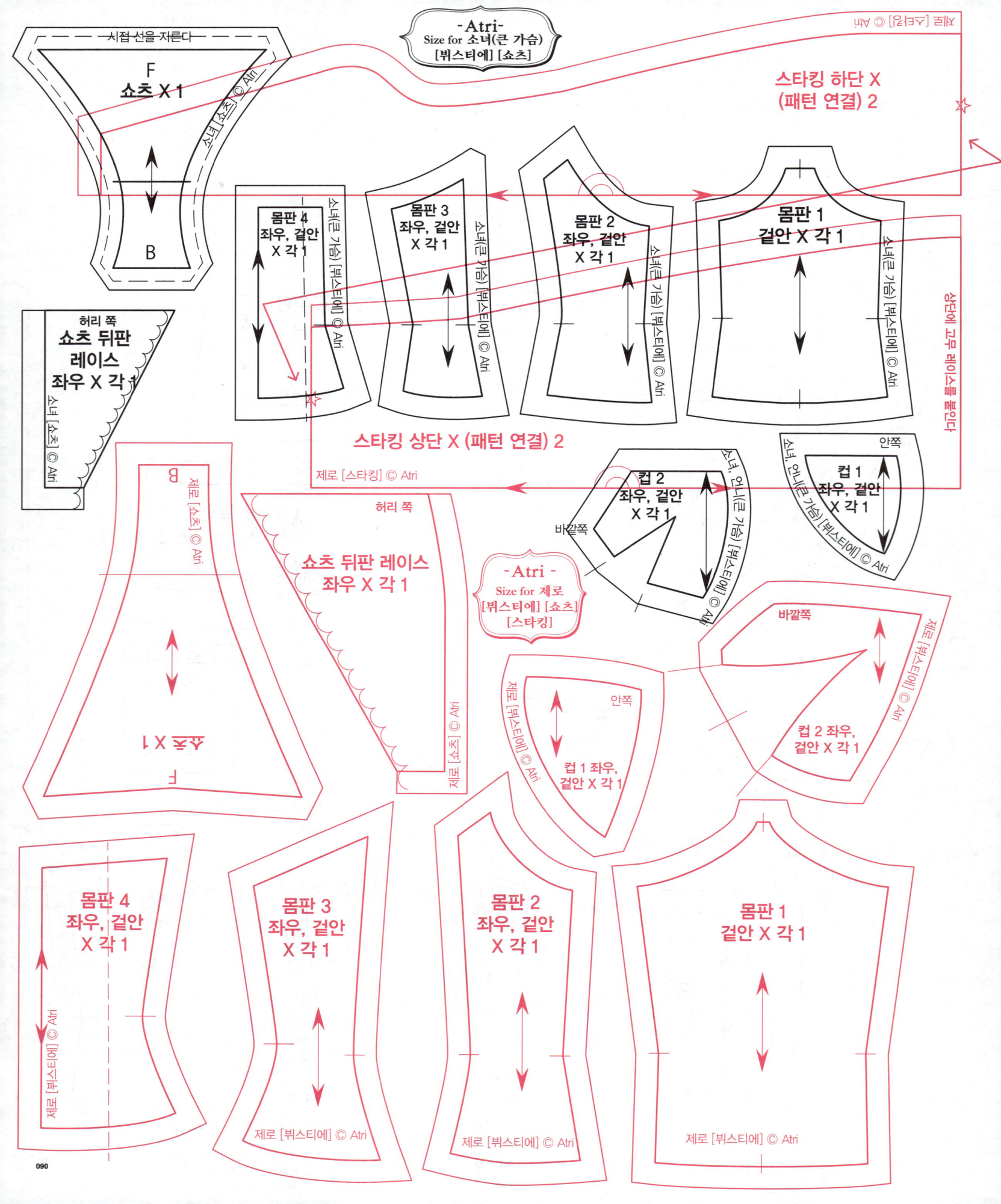

시접선을 자른다

F
쇼츠 X1

B

허리 쪽
쇼츠 뒤판
레이스
좌우 X 각 1

소녀 [쇼츠] ⓒ Atri

-Atri-
Size for 소녀(큰 가슴)
[뷔스티에] [쇼츠]

스타킹 하단 X
(패턴 연결) 2

몸판 4
좌우, 겉안
X 각 1

소녀(큰 가슴) [뷔스티에] ⓒ Atri

몸판 3
좌우, 겉안
X 각 1

소녀(큰 가슴) [뷔스티에] ⓒ Atri

몸판 2
좌우, 겉안
X 각 1

소녀(큰 가슴) [뷔스티에] ⓒ Atri

몸판 1
겉안 X 각 1

소녀(큰 가슴) [뷔스티에] ⓒ Atri

상단에 고무 레이스를 붙인다

스타킹 상단 X (패턴 연결) 2

제로 [스타킹] ⓒ Atri

컵 2
좌우, 겉안
X 각 1

바깥쪽

소녀, 외녀(큰 가슴) [뷔스티에] ⓒ Atri

안쪽

컵 1
좌우, 겉안
X 각 1

소녀, 외녀(큰 가슴) [뷔스티에] ⓒ Atri

B

제로 [쇼츠] ⓒ Atri

허리 쪽

쇼츠 뒤판 레이스
좌우 X 각 1

제로 [쇼츠] ⓒ Atri

-Atri-
Size for 제로
[뷔스티에] [쇼츠]
[스타킹]

안쪽

컵 1 좌우,
겉안 X 각 1

제로 [뷔스티에] ⓒ Atri

바깥쪽

컵 2 좌우,
겉안 X 각 1

제로 [뷔스티에] ⓒ Atri

F
쇼츠 X 1

제로 [쇼츠] ⓒ Atri

몸판 4
좌우, 겉안
X 각 1

제로 [뷔스티에] ⓒ Atri

몸판 3
좌우, 겉안
X 각 1

제로 [뷔스티에] ⓒ Atri

몸판 2
좌우, 겉안
X 각 1

제로 [뷔스티에] ⓒ Atri

몸판 1
겉안 X 각 1

제로 [뷔스티에] ⓒ Atri

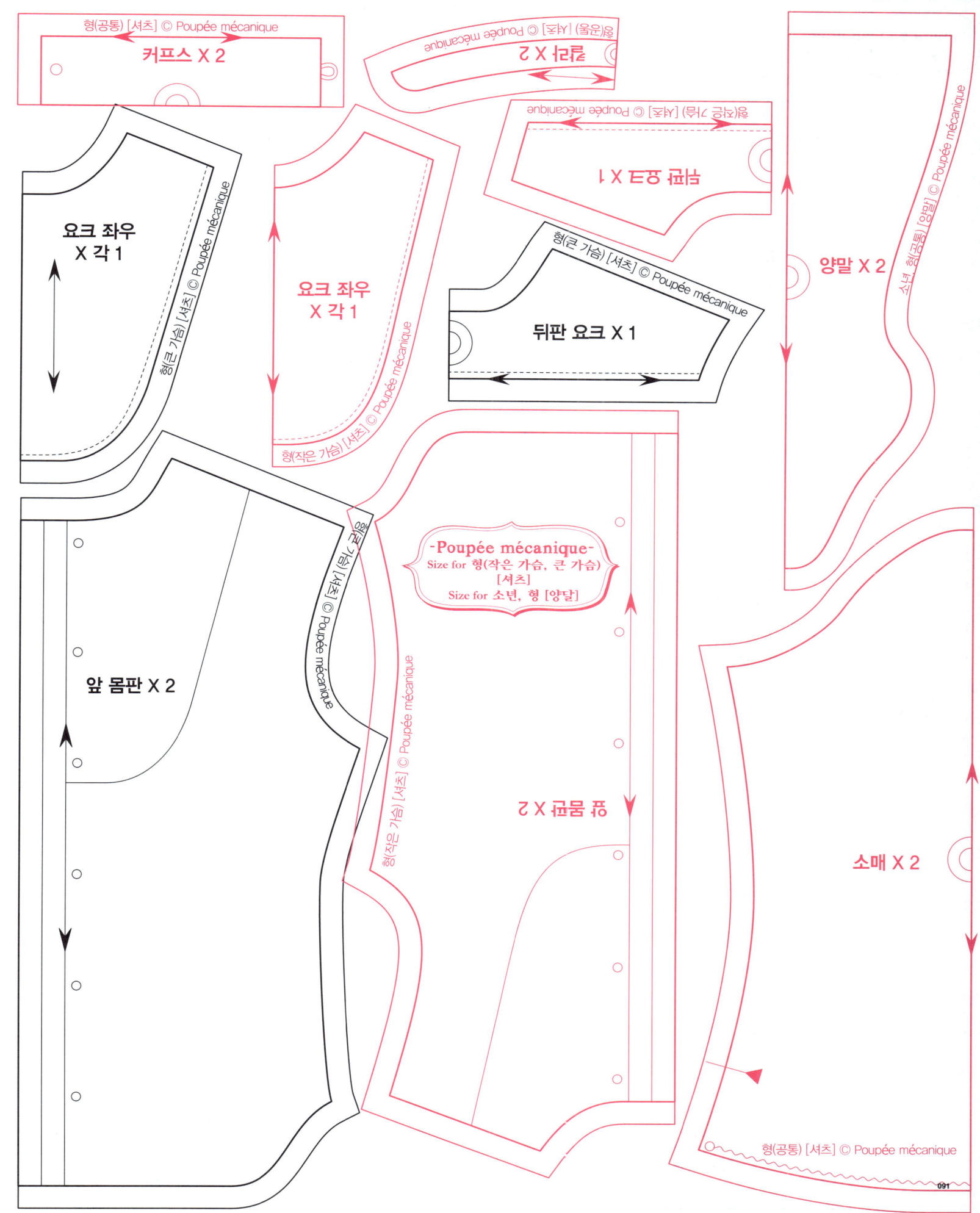

커프스 X 2
형(공통) [셔츠] © Poupée mécanique

요크 좌우
X 각 1
형(큰 가슴) [셔츠] © Poupée mécanique

요크 좌우
X 각 1
형(작은 가슴) [셔츠] © Poupée mécanique

칼라 X 2
형(공통) [셔츠] © Poupée mécanique

밑단 요크 X 1
형(큰 가슴) [뒤] [셔츠] © Poupée mécanique

뒤판 요크 X 1
형(큰 가슴) [셔츠] © Poupée mécanique

양말 X 2
소녀, 형(공통) [양말] © Poupée mécanique

앞 몸판 X 2
형(큰 가슴) [셔츠] © Poupée mécanique

형(작은 가슴) [셔츠] © Poupée mécanique

-Poupée mécanique-
Size for 형(작은 가슴, 큰 가슴)
[셔츠]
Size for 소년, 형 [양말]

뒤 몸판 X 2

소매 X 2

형(공통) [셔츠] © Poupée mécanique

091

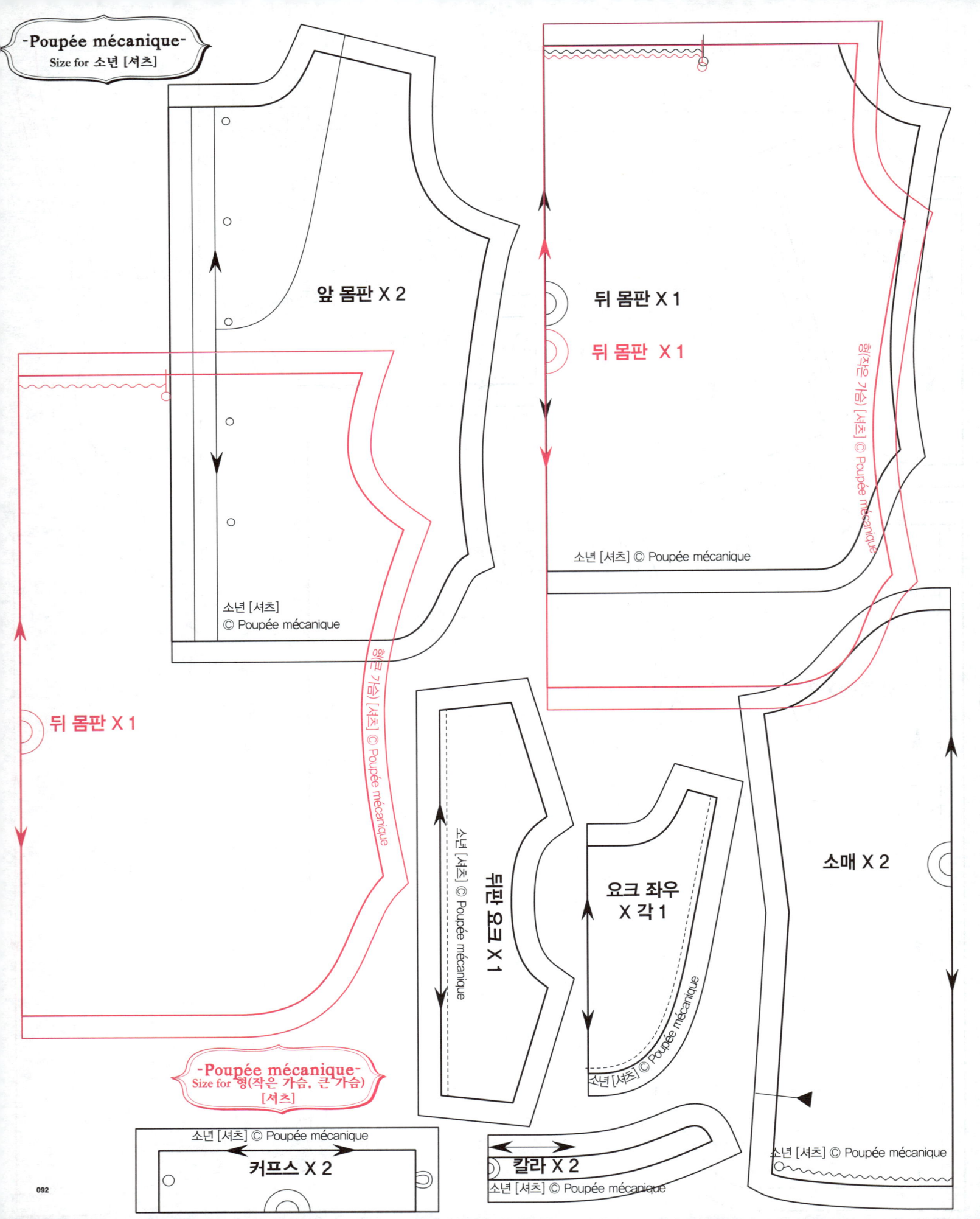

-Poupée mécanique-
Size for 소년 [셔츠]

앞 몸판 X 2

뒤 몸판 X 1

뒤 몸판 X 1

소년 [셔츠] © Poupée mécanique

소년 [셔츠]
© Poupée mécanique

뒤 몸판 X 1

왼쪽은 가슴 [셔츠] © Poupée mécanique

왼쪽은 가슴 [셔츠] © Poupée mécanique

소년 [셔츠]
© Poupée mécanique

뒤판 요크 X 1

요크 좌우
X 각 1

소매 X 2

소년 [셔츠] © Poupée mécanique

-Poupée mécanique-
Size for 형(작은 가슴, 큰 가슴)
[셔츠]

소년 [셔츠] © Poupée mécanique

커프스 X 2

칼라 X 2

소년 [셔츠] © Poupée mécanique

소년 [셔츠] © Poupée mécanique

092

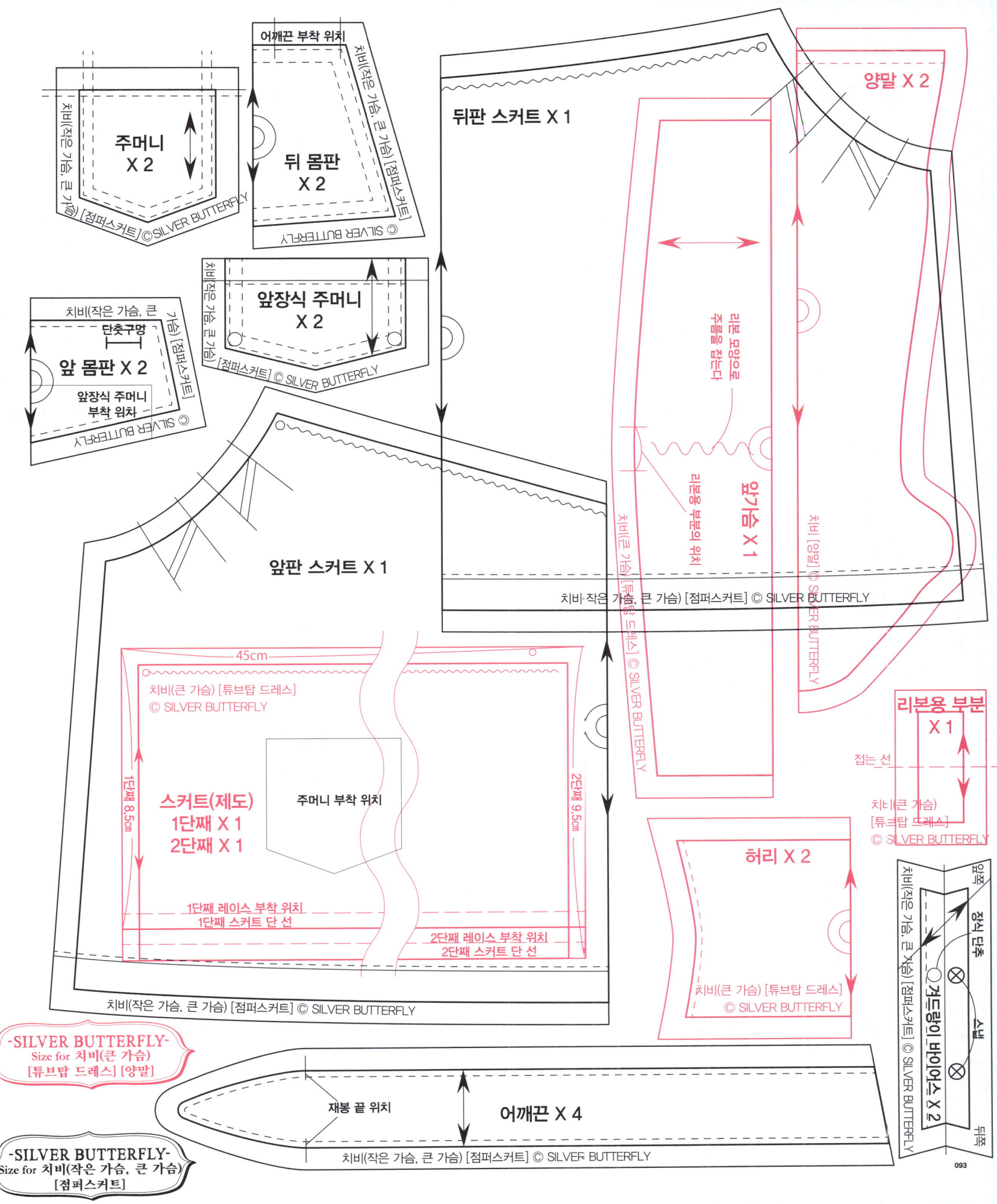

주머니
X 2

어깨끈 부착 위치

뒤 몸판
X 2

뒤판 스커트 X 1

양말 X 2

치비(작은 가슴, 큰 가슴) [점퍼스커트] ©SILVER BUTTERFLY

치비(작은 가슴, 큰 가슴) [점퍼스커트] ©SILVER BUTTERFLY

앞장식 주머니
X 2

치비(작은 가슴, 큰 가슴) [점퍼스커트] © SILVER BUTTERFLY

치비(작은 가슴, 큰 가슴)

단춧구멍

앞 몸판 X 2

앞장식 주머니
부착 위치

리본 모양으로
주름을 잡는다

리본용 부분의 위치

앞가슴 X 1

치비(큰 가슴) [점퍼스커트]

치비(양말)

치비(작은 가슴, 큰 가슴) [점퍼스커트] © SILVER BUTTERFLY

앞판 스커트 X 1

리본용 부분
X 1

접는 선

치비(큰 가슴)
[튜브탑 드레스]
© SILVER BUTTERFLY

45cm

치비(큰 가슴) [튜브탑 드레스]
© SILVER BUTTERFLY

1단째 8.5㎝

2단째 9.5㎝

스커트(제도)
1단째 X 1
2단째 X 1

주머니 부착 위치

1단째 레이스 부착 위치
1단째 스커트 단 선

2단째 레이스 부착 위치
2단째 스커트 단 선

허리 X 2

치비(큰 가슴) [튜브탑 드레스]
© SILVER BUTTERFLY

앞쪽

정식 단추

치비(작은 가슴, 큰 가슴) [점퍼스커트] © SILVER BUTTERFLY

거울량이 바이어스 X 2

스냅

뒤쪽

치비(작은 가슴, 큰 가슴) [점퍼스커트] © SILVER BUTTERFLY

-SILVER BUTTERFLY-
Size for 치비(큰 가슴)
[튜브탑 드레스] [양말]

재봉 끝 위치

어깨끈 X 4

치비(작은 가슴, 큰 가슴) [점퍼스커트] © SILVER BUTTERFLY

-SILVER BUTTERFLY-
Size for 치비(작은 가슴, 큰 가슴)
[점퍼스커트]

-HANON-
Size for 후로우라이트
[자수 원피스]

후로우라이트 [자수 원피스] ⓒ HANON

우측 앞 몸판
X 1

후로우라이트
[자수 원피스]

ⓒ HANON

픽틱 위치

좌측 앞 몸판
X 1

후로우라이트
[자수 원피스] ⓒ HANON

픽틱 위치

소매
좌우 X 각 1

후로우라이트 [자수 원피스] ⓒ HANON

B   F

스카트 X 1

깃 X 2

후로우라이트
[자수 원피스]
ⓒ HANON

○ … 바리오 스티치
│ … 백 스티치
◊ … 레이지데이지 스티치

뒤 몸판 X 1

후로우라이트 [자수 원피스] ⓒ HANON

카프스 X 2

후로우라이트 [자수 원피스]
ⓒ HANON

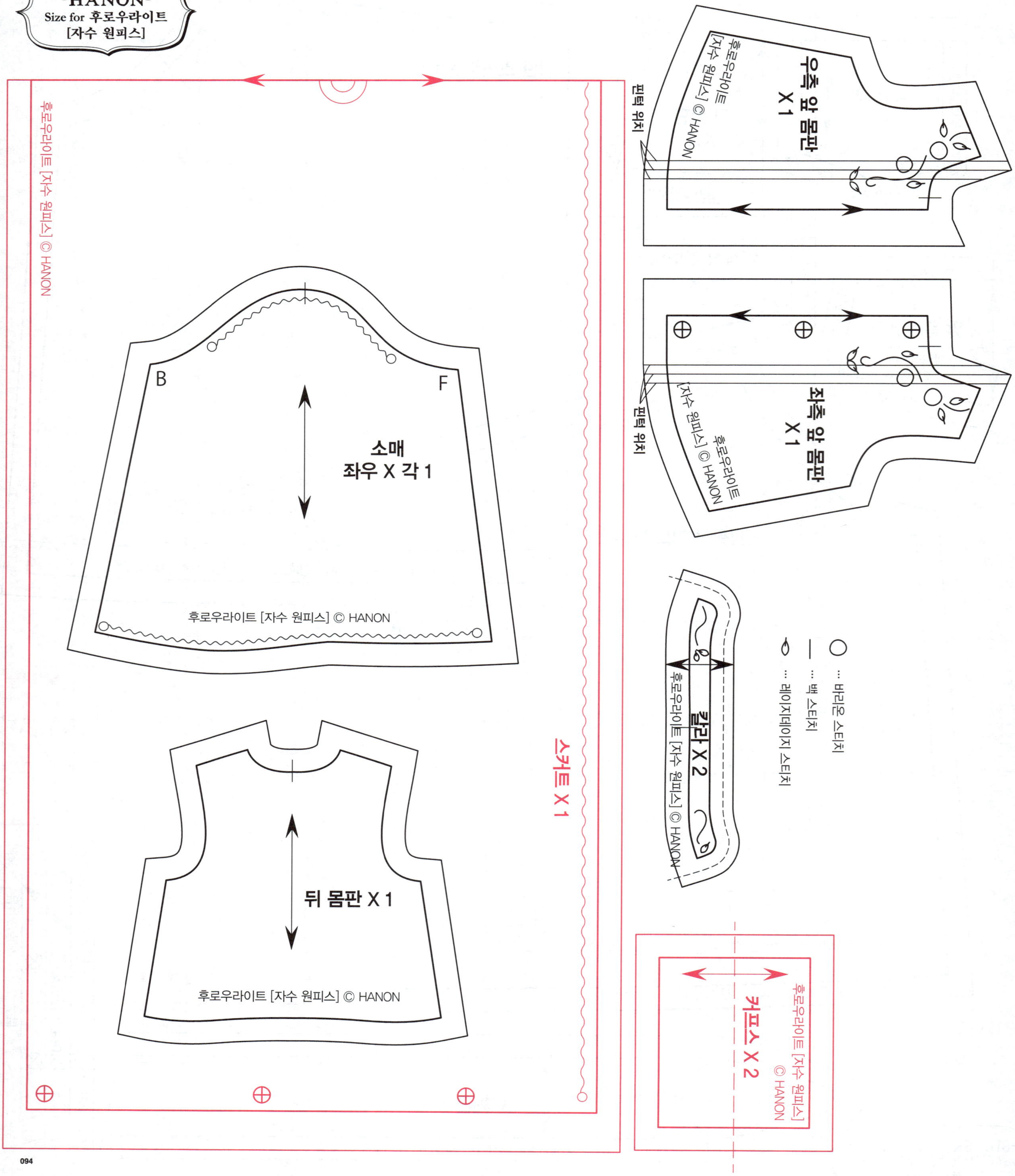

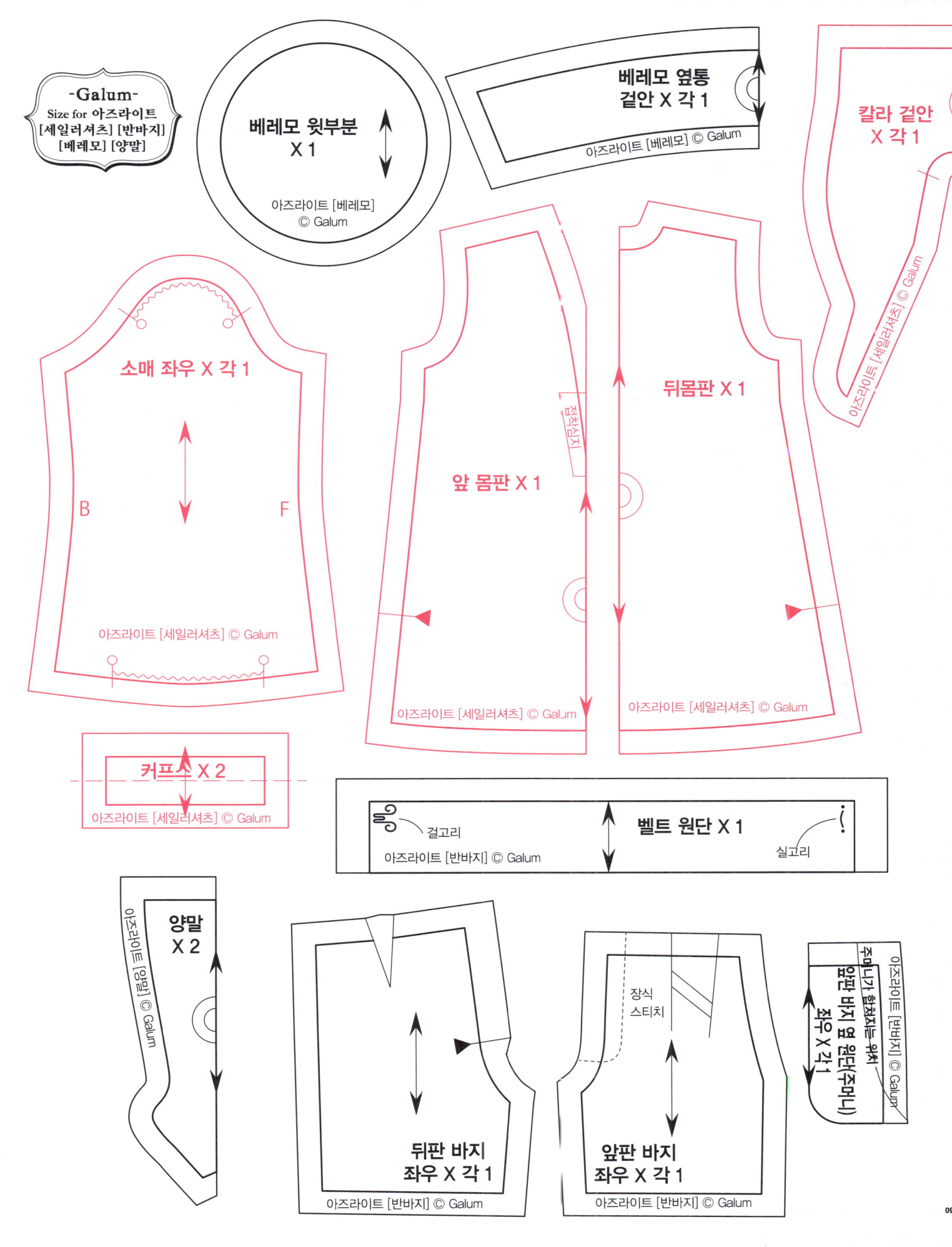

-Galum-
Size for 아즈라이트
[세일러셔츠] [반바지]
[베레모] [양말]

베레모 윗부분
X 1

아즈라이트 [베레모]
© Galum

베레모 옆통
겉안 X 각 1

아즈라이트 [베레모] © Galum

칼라 겉안
X 각 1

아즈라이트 [세일러셔츠] © Galum

소매 좌우 X 각 1

B   F

아즈라이트 [세일러셔츠] © Galum

앞 몸판 X 1

접착심지

뒤몸판 X 1

아즈라이트 [세일러셔츠] © Galum

아즈라이트 [세일러셔츠] © Galum

커프스 X 2

아즈라이트 [세일러셔츠] © Galum

걸고리   벨트 원단 X 1   실고리

아즈라이트 [반바지] © Galum

양말 X 2

아즈라이트 [양말] © Galum

뒤판 바지
좌우 X 각 1

아즈라이트 [반바지] © Galum

장식
스티치

앞판 바지
좌우 X 각 1

아즈라이트 [반바지] © Galum

주머니가 합쳐지는 위치
앞판 바지 옆 원단(주머니)
좌우 X 각 1

아즈라이트 [반바지] © Galum

095

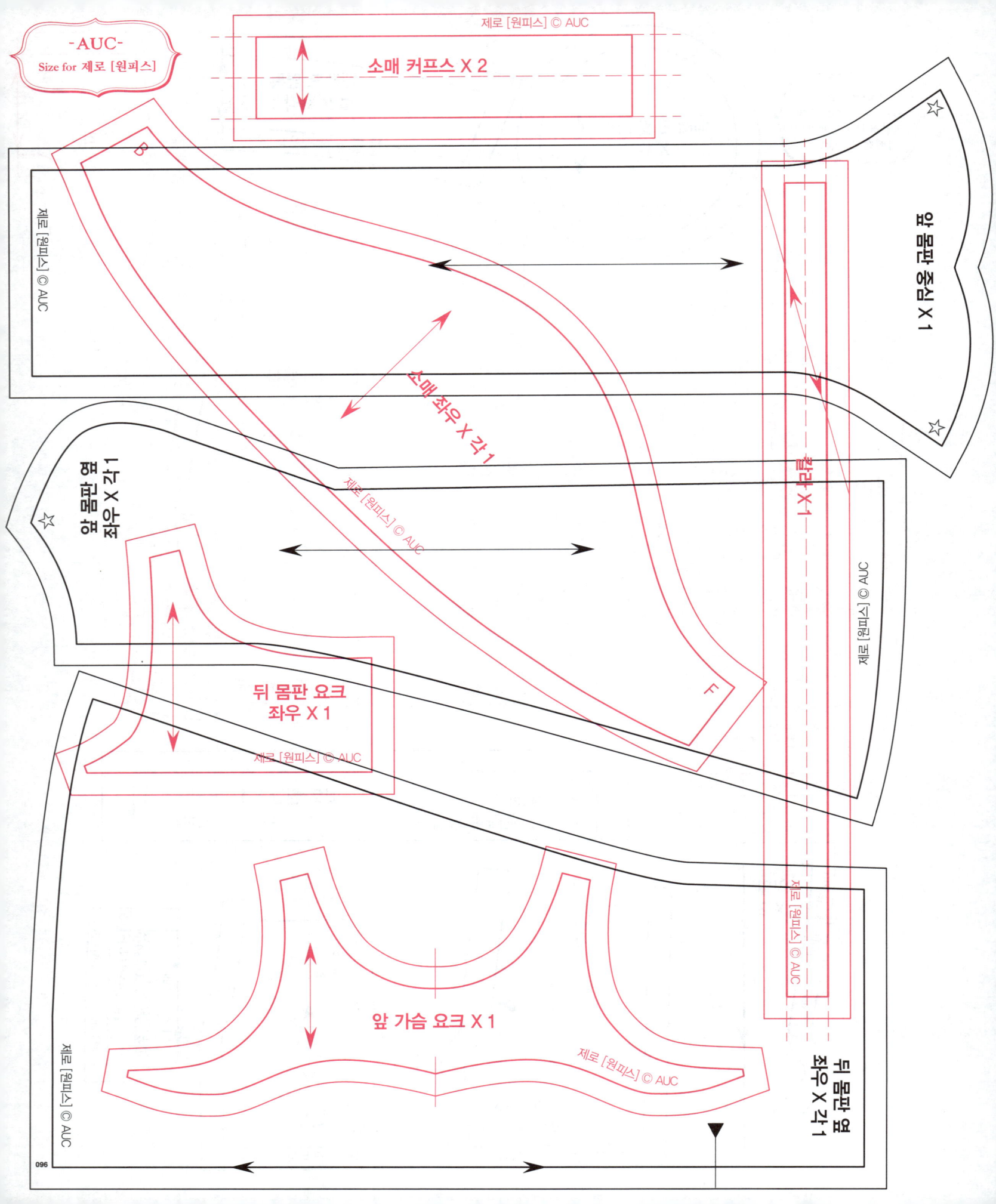

- AUC -
Size for 제로 [원피스]

제로 [원피스] © AUC

소매 커프스 X 2

소매 커프스 X 2

앞 몸판 중심 X 1

제로 [원피스] © AUC

소매 좌우 X 각 1

칼라 X 1

뒤 몸판 요크
좌우 X 1

제로 [원피스] © AUC

뒤 몸판 옆
좌우 X 각 1

앞 가슴 요크 X 1

제로 [원피스] © AUC

제로 [원피스] © AUC

096

U-noa Freak 3

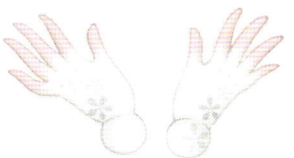

유노아 시리즈
사이즈 가이드

유노아 시리즈 사이즈 가이드

유노아 크루스 시리즈를 갖고 있다면 인형에게 꼭 맞는 사이즈의 가발과 신발을 찾는 것이 고민일 것입니다.

이벤트를 통해서, 혹은 매장에서 실제 착용해보면 좋겠지만 그럴 기회는 좀처럼 없습니다.

그래서 이 책에서는 일본, 한국, 홍콩 업체의 협조를 받아 유노아들에게 인형용품들을 착용시키고 사이즈 감을 조사했습니다.

업체와 상품 유형마다 약간씩 차이는 있지만 참고로 하기에는 문제가 없을 것입니다.

Doll custom: SoylentGreen, Atri   dress: Atri

가 발

소녀에서 형까지, 40㎝급 유노아 5종은 머리둘레가 16.5㎝로 통일되어 있어서 가발을 공유할 수 있습니다. 60㎝급의 제로는 머리둘레가 21.5㎝인데, 타사의 인형으로는 보크스 사에서 나온 DD의 가발과 사이즈가 비슷합니다.

	소녀	소년	치비	언니	형	제로
신장	42cm	43cm	35cm	44cm	50cm	62cm
머리둘레	16.5cm	16.5cm	16.5cm	16.5cm	16.5cm	21.5cm
눈	1.2cm	1.2cm	1.2cm	1.2cm	1.2cm	1.6cm
가슴둘레	16/17.5cm	15.5cm	14/16cm	16/17.5cm	20.5/21.5cm	25cm
허리둘레	13cm	13.5cm	13cm/12.5cm	12cm	16.5cm	16.5cm
엉덩이둘레	19cm	17.5cm	17.5cm/18cm	19.5cm	20.5cm	27.5cm
발길이	5.5cm	5.5cm	5cm	5cm	5.5cm	7.5cm

※ 인형 본체에 줄자를 대고 5㎜ 단위로 계측한 대략의 수치입니다.

JAPAN

『MANDARAKE』

만다라케의 「히메카즈라」(공주 머리장식이라는 의미의 브랜드명)는 전 제품이 180℃까지 버틸 수 있는 고내열 섬유이므로 다리미를 이용해 어레인지가 가능. 홈페이지의 샘플 모델에 유노아가 사용되고 있어 사이즈 감을 알기 쉽다.
http://www.mandarake.co.jp
※ C와 f의 안경 정보는 P.100의 [오비츠 제작소]로!

유노아 제로

유노아 제로 2012에서 공식적으로 채용된 히메카즈라 [M사이즈]가 딱 맞대(한 단계 큰 [사이즈]는 약간 헐겁지만 괜찮다). 앞머리의 폭이 비교적 좁게 만들어져 윤곽이 슬림한 제로와 궁합이 좋다.
a. 히메카즈라 M [웨스트 스트레이트] 샤인실버
b. 히메카즈라 M [머메이드] 블랙 X 다크그레이
c. 히메카즈라 M [앞머리 내린 보브] 베이지 퍼플

유노아 소녀, 소년, 치비, 언니, 형

히메카즈라의 [S사이즈]가 딱! 머리둘레가 같아도 작은 얼굴에 가까운 언니, 형에게는 가로로 볼륨이 있는 스트레이트 또는 쇼트 계열을 추천. 한 단계 큰 [MS사이즈]는 테이프로 고정하지 않으면 흘러내린다.
d. 히메카즈라 S [롱 웨이브] 레드브라운
e. 히메카즈라 S [제로 롱 스트레이트] 핑크
f. 히메카즈라 S [머메이드 쇼트] 펄핑크 X 핑크

a.

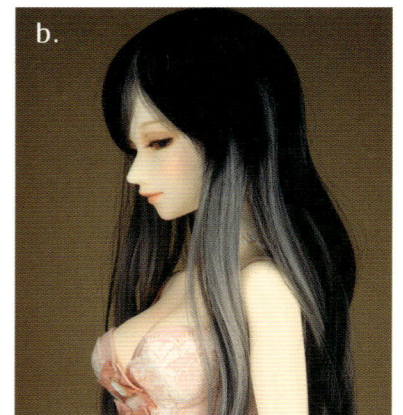

b.

c.

d.

e.

f.

a.

b.

c.

d.

e.

f.

KOREA 🇰🇷

『LEEKE WORLD』

한국의 리케월드 가발은 가는 내열섬유를 사용한 [LR·W 라인], 헤어초크 파우더에서도 선명하게 발색되는 [ART·Unique 라인]. 극세섬유의 모헤어 계열로 만든 [모헤어·LP 라인] 등 라인업이 풍부하다.
http://www.leekeworlc.com

유노아 제로

제로에게는 [E(8~9인치)] 사이즈를 추천. 롱 계열이 딱 맞다. [W129_E] 등의 보브 계열은 작은 얼굴의 제로에게는 약간 크직하게 느껴진다.
a. ART 라인 E [Art Lavender]
b. W 라인 E [W129_E] 라-벤더 로즈
c. W 라인 E [W109_E] 이브 크림

유노아 소녀, 소년, 치비, 언니, 형

40센티급의 5종은 [D(6~6.5인치)] 사이즈, 빡빡한 느낌이 없어서 흘러내림 방지를 위해 가발용 테이프를 붙여주면 더욱 좋다. 다만 모헤어 라인은 좀 느슨하기 때문에 가발 캡과 테이프를 하지 않으면 위험한 수준.
d. ART 라인 D [Art W127]
e. W 라인 D [W064_D] 골든로드
f. 모헤어 라인 D [LM-00⁷_D] 플래티넘 블론드

a.

b.

c.

d.

e.

f.

HONG KONG

『DollHeart』

홍콩의 돌 하트는 인형용 아웃핏의 주력 업체로, 가발은 SD, MSD, YOSD, LATI YELLOW의 4가지 크기만을 전개. 모헤어에 가까운 아주 가는 섬유(볼시맥콜의 제품과 비슷하다!)를 사용하고 있다. 안타까운 것은 미묘하게 맞지 않는 사이즈감.
http://www.dollheart.com

유노아 제로

제로가 쓸 수 있는 것은 SD사이즈만(하나 아래의 MSD사이즈는 들어가지 않음). 그러나 유감스럽게도 너무 커서 헐렁헐렁. 모발의 품질 탓인지 가발은 꽤 약한 느낌으로 b이외의 것이라면 가발 캡+테이프 등으로 고정해두면 이용 못할 것도 없다.
a. SD사이즈 「LW000408」
b. SD사이즈 「LW000475」
c. SD사이즈 「LW000184」

유노아 소녀, 소년, 치비, 언니, 형

사이즈로만 말하자면 YOSD사이즈를 추천. 이번에는 재고 때문에 MSD사이즈로 검증했기 때문으로 토마트풍 e 이외는 전체적으로 상당히 헐렁헐렁. 아사이 로코코사의 f는 머리에 썼을 때 곧 떨어졌다.
d. MSD사이즈 「MW000297」
e. MSD사이즈 「MW0003OO」
f. MSD사이즈 「MW000300」

[40cm 신발 착용 비교]

40㎝급 유노아 5종의 발은 2가지로 나뉜다. 소녀, 소년, 형의 [노멀 발(5.5㎝)], 그리고 치비와 언니의 [작은 발(5㎝)]이다. 노멀 발은 보크스의 MSD와 사이즈가 공유되는 구두가 비교적 많다. [작은 발]은 MSD보다 작고 幼SD보다 크기 때문에 딱 맞는 구두를 찾기 힘들다. 치비와 언니에게는 유노아 공식 샵(연금술공방)에서 판매되는 작은 발 용의 레진제 컬러 슬립온을 추천한다. 비교적 저렴한 가격의 컬러 바리에이션도 풍부하게 준비되어 있어 의상에 맞춰 어레인지하기도 쉽다. 이 책 12쪽에서는 Atri 씨가 소녀의 발목을 [작은 발]로 바꾸어 컬러 슬립온을 연출했다.

● 노멀 발(소녀)

● 작은 발(언니)

▲ [노멀 발]이 양말을 신고 착용할 만한 사이즈. [작은 발]은 헐렁해서 입구가 넓은 것은 쉽게 발이 빠진다. 스트랩이 있는 디자인이나 부츠의 경우, 바닥에 깔창을 깔거나 두꺼운 양말을 신으면 괜찮다.

[60cm 신발 착용 비교]

60㎝급의 제로 또는 7.5㎝와 같은 애매한 발 사이즈에는 보크스의 SD, SD13 여자아이와, SD16 여자아이용이 작다. 이런 구두를 신기고 싶으면 제로 전용의 힐 파츠를 사용할 수밖에 없다. 이 책의 16, 46쪽에서 Atri 씨가 커스텀한 하이힐 등을 참고로 안쪽을 도장하거나 리본 태슬을 붙이면 아름다운 구두로 변신한다. 혹은 조금 크고 보이시하지만, SD13 남자아이용 신발을 신을 수도 있다. 두꺼운 양말을 신고 착용하면 딱 좋은 크기이다.

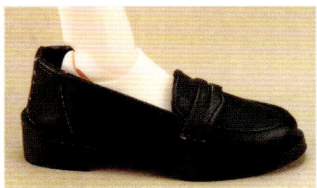

▲ 발목까지 끈을 묶을 수 있는 신사용 구두는 확실히 잡아줘서 벗겨지지 않지만, 로퍼는 약간 헐렁하다. 양말을 신으면 괜찮다.

검증 SD16용 신발은?

제로와 발의 세로 길이가 비슷한 것으로 알려진, 보크스 사의 SD16 여자아이. 까치발 상태인 [힐 발]에 대응되는 구두가 각 회사에서 판매되고 있다. 시험 삼아 리케월드의 SD16 사이즈 [로리타 버튼 힐(앤티크 골드)]을 제로와 소녀에게 신겨보았지만, 결론은 모두 NG였다. 유감!

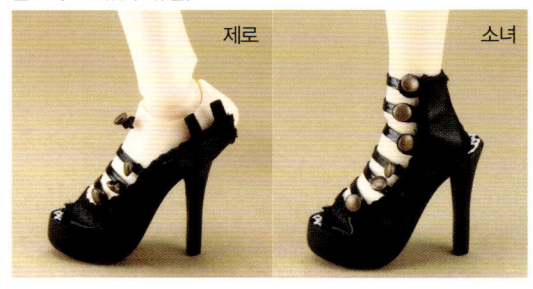

제로　　　소녀

공식 신발!

▲ 슬립온이나 뮬 파츠의 커스텀에 자신이 없을 경우, 연금술공방이 이벤트 등으로 판매하는 커스텀 슬립온 완성품을 추천. 네일용 데코레이션으로도 이렇게 귀엽게 변신한다!

JAPAN

『오비츠 제작소』

OBITSU 50, 60사이즈용으로 만들어진 [1/3사이즈용 신발]을 소개한다. PVC(소프트 비닐) 제조업체가 만든 소프트 비닐제 신발이다 보니, 다른 곳에서 찾을 수 없는 참신함이 있다. 단, 제로가 착용할 수 있는 신발은 없다.
http://www.obitsushop.com

유노아 소녀, 소년, 형

[1/3사이즈용 신발] 3종을 [노멀 발]에 신겨보았다(양말 착용 가능). [작은 발]은 두꺼운 양말을 착용한 후 신으면 자연스럽게 밀착된다.
a. 60SH [스트랩 슈즈 자석 부착형] 검정
b. 60SH [웨스턴 부츠 자석 부착형] 갈색
c. 50SH [가죽제 엔지니어 부츠] 빨강체크 X 스웨이드

안경에 대해서

이 책 98쪽의 [만다라케] 가발 부분에서 착용한 안경은 오비츠 제작소의 상품이다. c의 제로가 착용한 [1/3 안경 L]은 얼굴 윤곽보다 안경이 작아 조금 올라가 보인다. f의 소녀가 착용하고 있는 [1/3 안경 M]은 40㎝급에 딱 맞다.

a.

b.

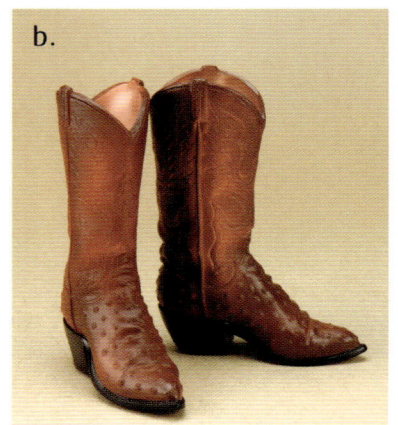

c.

a.

b.

c.

『LEEKE WORLD』

[D사이즈(4.5cm)]에서 [LL사이즈(8,1cm)]
까지 6가지로 나눠진 리케 슈즈. 40cm
급 인형에겐 [M사이즈]가 최적이고, 발
목을 잡아주는 타입의 신발은 작은 발의
치비와 언니도 OK. 제로의 경우는 [DD-
Girls]는 작지만, [L사이즈]와 일부 [G사
이즈]는 착용할 수 있었다
http://www.leekeworld.com

유노아 소녀, 소년, 형

발등이 드러나는 발레슈즈 계열은 조금
여유가 있지만, 부츠와 레이스업 신발은
[M사이즈]가 잘 맞는다. 발레슈즈 바닥에
깔창을 깔면 헐렁거림이 없다.
a. M사이즈[LS-270] 실버
b. M사이즈[LS-258] 블랙
c. M사이즈[LS-281] 네이비

d.

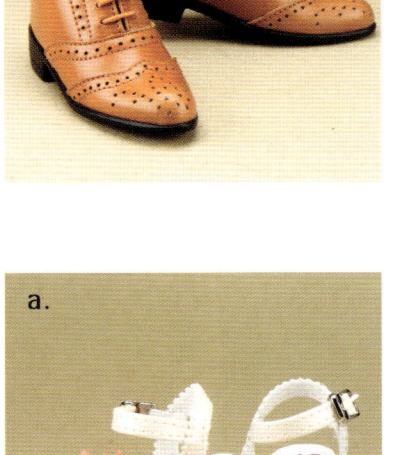

e.

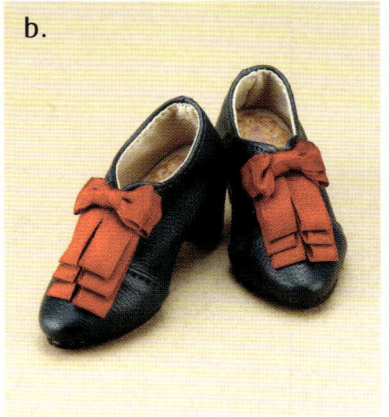

f.

유노아 제로

G사이즈의 제품간 격차 때문에 고생했던
제로용 신발. 결론을 얘기하자면 [L]은 크
고, [G]는 펌프스 계열 이외에는 신을 수 있
다. 이 책 10쪽에서 제로가 신고 있는 [LS-
246(에나멜 블랙)]은 L 사이즈이다.
d. L사이즈[LS-244] 브라운
e. G사이즈[LS-292] 블랙 믹스
f. G사이즈[LS-242] 카키

a.

b.

c.

HONG KONG

『DollHeart』

돌 하트의 신발은 퓨어니모들의 70cm
남자 바디까지 무려 10개 사이즈가 전개
된다. 고스 계열이나 로리타 계열로 디
자인된 구두가 많은 것이 특징이다.
http://www.dollheart.com

유노아 소녀, 소년, 형

약간 여유는 있지만 [MSD] 사이즈가 최
적. 발등이 보이는 발레슈즈 종류는 조금
여유가 있지만 부츠와 레이스업 슈즈는
거의 딱 맞는다. 설탕과자 같은 귀여운 구
두도 많다.
a. MSD사이즈 [MS000526]
b. MSD사이즈 [MS000517]
c. MSD사이즈 [MS000500]

d.

e.

유노아 제로

[SD16Girl]은 작고, [SD13Boy]는 좀 헐겁
지만 가장 잘 맞는 사이즈. 화려한 디자인
이 특징. 남자아이용이지만 여자아이가 신
기에도 귀엽고 우아한 구두가 풍부하다.
d. SD13Boy사이즈 [LS001232]
e. SD13Boy사이즈 [LS001 27]

옮긴이 정유미

서울과학기술대학교 공업디자인학과 졸업. 양장기능사 국가기술자격증 취득 후 일본의 양재서적으로 재봉을 공부. 한국과 일본에서 통용되는 양재용어들의
차이점을 정확히 파악하여 그 지식을 바탕으로 일본 양재서적의 번역을 하고 있다. 현재는 원광디지털대학교 한국복식과학학과 3학년에 편입학 재학 중이며,
이후 전통궁중한복과 인형한복 제작에 관련된 서적 집필이 목표다. 현재 노원구청 장미마을 수공방 아동복, 생활한복 강사. 성북구청 여성교실 옷 만들기 강사,
광진문화원 쉬운 옷 만들기 강사, 북부여성발전센터 생활한복 온라인 창업반 강사로 활동 중이며, 2008년부터 네이버 최대 인형옷 만들기 카페를 운영 중이다.

- http://cafe.naver.com/barbiewear
- 블로그 http://blog.naver.com/yumi96
- 인스타그램 https://www.instagram.com/sewingstory_kr
- 카카오톡 ID: sewingstory
- 이메일: yumi96@naver.com

유노아 프릭 3

초판 1쇄 | 2018년 12월 12일

옮긴이 | 정유미
펴낸이 | 설응도   편집주간 | 안은주
영업책임 | 민경업   디자인책임 | 박성진

펴낸곳 | 라의눈

출판등록 | 2014년 1월 13일(제2014-000011호)
주소 | 서울시 서초중앙로 29길(반포동) 낙강빌딩 2층
전화 02-466-1283 팩스 02-466-1301

문의(e-mail) 편집 | editor@eyeofra.co.kr
        영업마케팅 | marketing@eyeofra.co.kr
        경영지원 | management@eyeofra.co.kr

ISBN : 979-11-88726-27-1 13630

Staff

Editor | 스즈키 요오코
Designer | 오오사와 토시에
Photographer | 쿠즈 타카노리, 타마 히사요시
Pattern | 큐스케 유카리
Cover | 미즈노 준코
Special Thanks
    아라키 겐타로, 주식회사 연금술 공방, 주식회사 세키구치
    ⓒ GENTARO ARAKI, ⓒ Renkinjyutsu-koubou, INC.
Model and Outfit Works
    F.L.C / Atri / Poupée mécanique / SILVER BUTTERFLY / HANON /
    Galum / AUC / Petit Paradis. / Soylent Green / Nomyens

13630

ISBN 979-11-88726-27-1